そのまま使える **ENAA**

国内プラント建設契約モデルフォームと逐条解説 第**3**版

一般財団法人 エンジニアリング協会 編著

日刊工業新聞社

はじめに

　（財）エンジニアリング振興協会契約法務委員会（現 一般財団法人エンジニアリング協会契約法務部会）は、2004年6月30日、「ENAA国内プラント建設契約モデルフォーム」として「工事等請負契約書」および「ENAA国内プラント約款」（以下、両者を総称して「本モデルフォーム」という。）を発刊した。

　国内向けの建設契約標準約款としては、民間（七会）連合協定工事請負契約約款（以下、「民間連合約款」という。）と公共工事標準請負契約約款がしばしば使用されているが、これらは設計・施工分離を前提としており、また国内向けの建築物の設計施工約款であるBCS設計施工契約約款は、プラント建設工事を対象としていないため、これらをそのままの形で使用することができなかったことから、プラント建設工事契約に使用することを想定した国内プラント建設工事契約モデルフォームが待望されていたのである。

　2020年9月1日、一般財団法人エンジニアリング協会契約法務部会は、2020年4月1日に施行された民法（債権法）の改正（民法の一部を改正する法律（平成29年法律第44号）に基づく改正をいい、以下、改正前の民法を「改正前民法」、改正後の民法を「改正後民法」という。）を考慮に入れて、2011年9月30日発行の一回目の改訂に引き続き、本モデルフォームの二回目の改訂を行った。

　本書は、本モデルフォームを使用される方々の理解の一助のため、その条項ごとに、意味、特徴、使用上の注意点等を、必要に応じて法律上の規定や民間連合約款を参照しつつ解説したものである。

　今回の改正の主要なポイントを各条項の解説の前に示し、また旧版との相違を示した修正記録付きのドラフトを添付した。

　契約法務部会の委員でもある弁護士の方々には、多くの有益な助言をいただいた。この場を借りて、感謝の意を述べさせていただきたい。

　また、民間（七会）連合協定工事請負契約約款委員会には、本モデルフォームの作成にあたり、民間連合約款をベースとして作成することを了承いただき、旧版同様本書の末尾に民間連合約款を転載することを許諾いただいた。改めてここにお礼を申し上げたい。

　2020年10月30日

　　　　　　　　　　　一般財団法人エンジニアリング協会　契約法務部会

目　次

第Ⅰ部—1

本モデルフォームについて

1．本モデルフォームの意義

1）プラント建設工事契約の特殊性

　国内において、住宅家屋などを除き、ビルなどの建物の建設工事では、設計と施工を分離して契約される形態が一般的である。一方、プラントの建設においては、発注者（プラントオーナー）と受注者で締結される契約は、プロセスの基本技術に係わる部分を除き、設計と施工を合わせた一括請負契約の形態が一般的である。

　さらに、建設対象の性格がその他の建設工事とは本質的に異なるため、プラント建設工事の契約では、たとえば、発注者の義務の内容、引渡しの条件、完成期日のタイミング、試運転や性能保証の条件など、プラント建設工事特有の条件を規定する必要がある。

2）国内のプラント建設工事契約の現状

　上記のとおり、プラントの建設契約はそれに見合った内容であることが望ましいが、現在、プラントの建設のために一般的に使われている契約条件書は、発注者が独自に定型フォームとして用意した、建設請負契約一般に適用される「建設請負契約一般条件書」と呼ばれるものが使われることが多く、案件ごとに技術仕様書や特別条件書などで、プラント建設工事固有の条件を規定することにより対応している。

　また、この発注者が用意している「建設請負契約一般条件書」は、建設工事一般に広く適用されうるものであるが、内容的にはプラント建設工事の特殊性を考慮したものではなく、多くの場合、一般建築工事を目的とした民間連合約款をベースとして作られているのが現状である。

　さらに、それらの一般条件書や個別に締結される特別条件書などにおいて、日本における契約の独特な表現として、条件の内容を明確に規定せずに「別途協議」との表現を使い、問題の事象が起こってから、あらためて協議し、解決するようにしている現状がある。

3）エンジニアリングビジネスにおける契約関係の環境の変化

　上記のとおり、これまでプラントの建設工事契約における契約条件書の整備という面では、不十分なところもあったが、日本独特の風土の影響もあり、プラントの建設工事契約において、契約条件書の内容について、発注者と受注者の間で論争があった場合でも、訴訟にまでに至ることはほとんどなく、良きにつけ悪しきにつけ、契約条件の内容にあまり固執せずに解決されていた、ともいえる。

　しかし、民間企業においては株主の立場から、また独立行政法人や政府系企業などでは会計検査院の監査の面から、契約条件に厳格に則った問題解決が要求されるようになって来ており、発注者・受注者双方のプロジェクト担当者の裁量での解決が難しくなっているともいえ、契約条件の内容を明確に規定しておくことが、昨今、益々重要になって来ている。

4）標準となるべき契約約款の必要性

　上記のような環境の変化もさることながら、一方において、ボーダレス社会ともいわれる現在、建設工事についての外国系資本に対する門戸開放も益々進んで来ている。その結果、日本

固有の契約関係はもはや許されない状況となっており、海外におけるプラント建設工事と同様に、発注者・受注者双方にとり公平かつ合理的な契約条件で契約を締結する必要が生じている。また、そのような中、プラントの建設工事契約に適する約款の制定がエンジニアリング業界のみならず、発注者側からも期待されていた。

　なお、本モデルフォームは、あくまで発注者（プラントオーナー）と元請エンジニアリング会社との間の契約を前提にしているが、これら両者間の契約が本モデルフォームに基づくようになってくれば、自ずと、元請エンジニアリング会社とその下請エンジニアリング会社、施工工事会社の間の契約関係にも、良い影響を与え、円滑なプロジェクトの遂行に寄与することができるものと期待している。

２．使用上の注意

1）モデルフォーム

　本モデルフォームは、民間連合約款のような実施約款（すなわち、契約時にそのままの形で調印用の契約書の一部を構成する約款）ではなく、いわゆるモデルフォームである。従って、契約時に契約当事者の合意によって適宜変更されることを想定している。

　しかしながら、「工事等請負契約書」の規定が約款に優先することが「工事等請負契約書」第２条に規定されていることから、約款の変更が最小限で済むように、「工事等請負契約書」に特記事項を記載する条項（「工事等請負契約書」第６条）を設け、ここに約款においてオプションとなっている条項、すなわち性能保証（約款第24B条）、部分引渡し（同第25条）、部分使用（同第26条）の有無を明記し、さらに必要に応じて、ここに約款にない特別な規定を設けて、約款を直接変更せずにその目的を達成することも可能な形式としている。

　また、この「工事等請負契約書」第６条においては、受注者が付保する損害保険の内容について明記したり（約款第22条参照）、本契約に関して受注者が発注者に対して負う責任限度額を明記したりすることもできる（約款第35条解説参照）。

　やむを得ず約款自体を変更する場合には、「工事等請負契約書」との整合性だけでなく、約款全体の整合性、使用する言葉の定義の統一、言及されている条項番号の整合性等が取れているかどうかについて十分な注意が必要であることはいうまでもない。

2）契約当事者

　契約当事者として想定しているのは、プラントオーナーとしての発注者と受注者であり、本モデルフォームが下請契約に使用されることは想定されていない。下請契約用に変更することも可能であると思われるが、上記1）の注意事項にあるように、全体の整合性について十分な注意が必要である。

　なお、民間連合約款が想定しているいわゆる「監理者」は、本モデルフォームでは想定されていない。これは、本モデルフォームの想定するプラント建設工事では、受注者が施工だけではなく、設計を行うことを前提としているためである。

　また、発注者側の設計コンサルタントとして発注者を援助する役割を担う人間が発注者に雇用される場合であっても、その人間はあくまで発注者内部の人間であり、契約当事者となる必要はないと考える。

3）契約対象

　契約の対象は「工事等請負契約書」第１条に直接明記することになっている。本モデルフォームにおける対象の工事は、いわゆる生産プラントの建設工事である。特にプロセスプラントに限定されておらず、石油精製、化学、セメント、鉄鋼プラントのように、運転によって原料を加工し、処理する設備であればその対象となる。また、メガソーラーなど太陽光発電プラントや風力発電プラントを含む発電プラントの建設工事であっても、設計・施工一貫のいわゆるEPCランプサム契約の形態であれば、プラントの性能保証に関する規定等に適宜変更を加え

ることで、それらの発電プラントの建設工事に本モデルフォームを用いることも可能であろう。

　対象の工事は、新設工事を想定しており、改造工事の場合には約款に多少の変更が必要であると思われる。特に発注者の既設部分についての情報提供義務、その情報、性能、不具合についての発注者責任、既設との取り合い部分・改造部分についての予期できない状況に関する両当事者の責任、既設の運転中に行う工事についての条件等については明記する必要がある。

　なお、本モデルフォームでは、発注者および受注者間でプロセスやソフトウェアの使用権設定がある場合に必要な規定を含んでいない。このような使用権設定が必要である場合には別途両当事者間で、使用権設定契約を結ぶ必要がある。

４）設計・施工一貫のいわゆるEPCランプサム契約を想定

　本モデルフォームの想定するプラント建設工事は、施工だけではなく、設計および機材の調達を含むものである。従って、設計が発注者によって提供されることを前提としていない。この点で民間連合約款の設計・施工分離の思想とは大きく異なる。

　しかしながら、発注者が基本設計までを提供し、詳細設計以降を受注者が行うという場合であっても、本モデルフォームへの変更は必要なくそのまま使用できると考える。この場合には、契約仕様書にその基本設計が含まれることになり、受注者はその基本設計に従って詳細設計以降を行うこととなる。

　いわゆる生産プラントにおいては、建屋よりも、生産手段としての機械設備が重要項目であり、通常は機器の調達が受注者の重要な役務の一部である。従い、これら設備がほぼ発注者によって支給され、受注者が主に建屋工事を担当する場合には、必ずしも本モデルフォームを使用する必要はないであろう。他方、一部設備のみを発注者が支給する場合は、発注者支給品について約款において規定されており、問題なく使用できる（約款第14条）。

５）準拠法と適用法規

　対象の工事は日本国内で行われることを想定しており、また両契約当事者は日本国内法人であることを想定している。従って、約款に明記はされていないが、準拠法は日本法であり、受注者の設計・調達・建設工事には日本の法律が適用される。

3．本モデルフォームの特徴

本モデルフォームの主な特徴としては以下のようなものがある。

1）プラントの性能保証

　受注者の提供する設計に基本設計が含まれる場合には、プラントの能力を保証する受注者の性能保証が要求される場合があるが、このケースをカバーする条項（約款第23条（8B）および第24B条）がオプションとして用意されている。受注者が性能保証を行う場合は、受注者が性能保証運転を行い、発注者は、原料、ユーティリティー、運転要員の提供義務を負うこととなる。

2）納期保証

　納期保証の対象は、工事の完了日ではなく、試運転準備の完了日すなわちプラントの試運転が開始しうる状態となる日である。従って、必ずしも試運転準備の完了日までにすべての工事が終了している必要はなく、受注者は試運転準備の完了後にプラントを発注者に引渡し、発注者が試運転を開始した後に、試運転に支障のない残工事（塗装、保温、保冷、舗装、清掃など）を行うことができる（「工事等請負契約書」第5条）。

3）契約構成文書間の優先順序

　構成文書間の矛盾等の解決のため、契約の構成文書の優先順序の規定が設けられている（「工事等請負契約書」第2条）。ここでは「工事等請負契約書」の記載を最優先し、約款と契約仕様書間に矛盾が生じたときは契約仕様書の記載を優先して解釈する、とされている。

4）許認可の取得

　許認可が複雑であるという事情から、許認可の取得義務についての条項が設けられている（約款第1条）。

5）図面の承認

　プラント建設工事においては、発注者自身またはライセンサーの基本設計（受注者が性能保証を行う場合を除く）に基づいて受注者が作成した図面や仕様書などが発注者の承認の対象となるのが通常である。本モデルフォームにおいても、設計・施工図面は受注者が作成し、発注者の承認を受けるという構成となっており、民間連合約款における監理者は介在しない（約款第8条）。

6）責任者

　発注者および受注者の責任者についての規定が設けられている（約款第9条）。複雑なプラント建設工事においては、各当事者の相手方への指示、承認、相手方からの通知の受領などを行う権限を有する責任者を契約上明確にしておくことが望ましい。なお、受注者が現場代理人を選任した後は、この現場代理人が受注者の権限の一部を行使することができる旨規定されている。

7）工事下請業者・機材製造業者

　プラント建設工事においては、プラントを構成する機材の製造業者や工事下請業者の選定がプラントの性能に重大な影響を与える場合が多いことから、これらの業者の選定は、原則として、固定価格（ランプサム）でプラント建設工事を請け負う受注者が自らの判断と責任において行うことができるものであるが、一定の条件下で発注者が承認権を有する場合もある。本モデルフォームにおいても、業者選定について発注者の承認を要する場合や、選定される業者の候補が定められている場合についての規定が設けられている（約款第12条）。

8）特別危険によるプラントへの損害

　保険の付保が可能かどうかという点からリスクを発注者および受注者に振り分け、保険によって通常付保できない危険は発注者負担であることが規定されている（約款第21条）。

9）契約不適合責任

　契約不適合責任の保証期間は、本プラントの引渡しから1年、ただし基礎および建屋躯体については2年とされている（約款第27条第3項）。さらに、修補、取替えなどの履行の追完を行なった場合、当該部分につき、新たな保証期間として1年が適用される（約款第27条第7項）。

　受注者が性能保証を行う場合には、その保証は契約不適合規定に拠らず、性能保証に関する別の規定（約款第24B条）に従うこととなる。従って、試運転期間中に性能達成が確認された場合、その保証が達成されたこととなる（約款第27条第2項）。

　なお、住宅の品質確保の促進等に関する法律はプラント建設工事にはほとんど適用がないため、本モデルフォームでは考慮していない。

10）秘密保持

　発注者と受注者が相互に提供し合う情報について双務の秘密保持義務が規定されている。

11）損害の特則

　いわゆる間接損害等の相互免責が規定されている（約款第35条）。この規定は海外プラント建設工事用ENAAモデルフォームプロセスプラント国際標準契約書をはじめFIDICを含む国際的なモデルフォームのほぼすべてに採用されている。

12）合意管轄

　発注者の住所地を管轄する地方裁判所を第一審の専属的合意管轄裁判所とすることと規定されている（約款第36条）。

第Ⅰ部―2

ENAA国内プラント建設契約モデルフォーム

工事等請負契約書
ENAA国内プラント約款

（2020年版）

工事等請負契約書

　　　　　　　　（以下「発注者」という。）と　　　　　　　（以下「受注者」という。）は、次のとおり請負契約を締結する（以下「本契約」という。）。

第1条　契約の対象
本契約の対象は、　　　　　　　　　　　　所在の発注者の　　　　　　　　工場内における指定場所に建設する以下の生産設備とし、その詳細を第2条に記載する契約仕様書に定める。
　　a.
　　b.
　　c.

　　　　　　（以下、「本プラント」という。）

第2条　契約の内容
（1）受注者の役務の内容
受注者は、本条（2）の本契約構成図書の内容に従い、本プラントを完成するのに必要な設計、機材の調達、建設工事および試運転の助勢[注1]（これら役務をあわせて以下「受注者の役務」という。）を請け負う。
（2）本契約構成図書
本契約は、下記の図書により構成される。なお、下記図書相互間に矛盾が生じたときは、以下の優先順序に従い解釈するものとする。
　1.　本「工事等請負契約書」
　2.　契約仕様書（i.　　　ii.　　　　iii.　　　　）
　3.　ENAA国内プラント約款

第3条　契約金額等
（1）本契約に基づく受注者の役務に対する対価（以下「契約金額」という。）として、発注者は、受注者に次の金額を支払う。
契約金額（消費税額を除く。）
　金　　　　　　　　　　円（¥　　　　　　　　　　）
（2）消費税等
発注者は、契約金額に対する下記消費税および地方消費税を負担する。

i

金　　　　　　円　（￥　　　　）

第４条　支払い条件
発注者は、契約金額および消費税額を、次のとおり支払う。
本契約の締結時：
（中間払い注2）：
本プラントの引渡し時：

第５条　完成期日
受注者は、本契約の締結後速やかに受注者の役務に着手し、　　　年
　月　　日（本契約の定めにより変更された場合は、変更後の日とする。以下「完成期日」という。）までに本プラントの試運転開始に必要なすべての受注者の役務を完了する（塗装、保温、保冷、舗装、清掃など、試運転に支障のない残工事を除く。以下この状態を「試運転準備の完了」または「試運転準備が完了」という。）。

第６条　特記事項注3）

注１）受注者に性能保証が要求されている場合は、「試運転の助勢」に代えて「試運転」とする。
注２）支払い期日またはマイルストーンを記載する。
注３）特に明記する必要のあるもの、たとえば、受注者による本プラントの性能保証の有無、部分引渡し、部分使用の規定、受注者が付保する損害保険の内容等。

本契約締結の証として本書２通を作成し、発注者および受注者それぞれ記名捺印のうえ、各１通を保有する。

　　　　　年　　　月　　　日

　　　　　　　　　発注者　　　　株式会社
　　　　　　　　　　　　　　　　代表取締役

　　　　　　　　　受注者　　　　株式会社
　　　　　　　　　　　　　　　　代表取締役

ENAA国内プラント約款

第1条　許認可等の取得
（1）発注者および受注者は、受注者の役務遂行のために必要となる許認可、その他監督官庁への届出のうち、各自の名義で取得・届出すべきものについては、それぞれの責任で取得・届出するものとし、互いに相手方に対して、必要な協力を行わなければならない。
（2）本プラントの運転に必要な許認可、その他監督官庁への届出については、発注者が自己の責任で取得・届出する。

第2条　工事用地など
（1）発注者は、契約仕様書で定められた日までに、本プラントの敷地および契約仕様書において発注者が提供すべきものと定められた受注者の役務遂行に必要な土地（以下これらを「工事用地」という。）を受注者に引き渡すとともに、契約仕様書に従い、受注者が工事用地にアクセスするために必要かつ適切な処置を講ずる。
（2）契約仕様書において工事用地の引渡し日または本条（1）における発注者の処置内容が定められていない場合には、発注者は、第4条において発注者が承認した工程表に従い、工事用地の引渡し日または発注者の処置内容につき受注者と協議のうえ、受注者の役務の遂行に支障のない範囲で確定する。

第3条　関連工事の調整
（1）発注者は、発注者の発注にかかる第三者の建設工事が受注者の建設工事と密接に関連する場合において、必要があるときは、それらの施工につき調整を行う。このとき、発注者は、その調整の内容について受注者と事前に協議しなければならない。
（2）受注者は、本条（1）の事前協議を経て定められた調整に従い、第三者の建設工事が円滑に進捗し、完成するよう協力しなければならない。
（3）本条（1）の調整により、必要があると認められるときは、発注者または受注者は、相手方に対し、受注者の役務の内容、完成期日または契約金額の変更を請求することができる。

第4条　工程表および組織表
　受注者は、本契約締結後速やかに受注者の役務遂行のための工程表および組織表を発注者に提出し、工程表については発注者の承認をうける。

1

第5条　一括下請負、一括委任の禁止

　受注者は、本契約の履行に関し、受注者の役務の全部または大部分を一括して第三者に委任しまたは請け負わせてはならない。ただし、法令の定めに反しない限りにおいて、事前に発注者の書面による承諾を得た場合はこの限りではない。なお、この場合においても、受注者の本契約に基づく責任は軽減または免除されない。

第6条　権利、義務の譲渡などの禁止

（1）発注者および受注者は、相手方の書面による事前の承諾を得なければ、本契約から生ずる権利および義務を、第三者に譲渡すること、もしくは承継させること、または質権その他の担保の目的に供することはできず、また本契約上の地位を第三者に移転することはできない。

（2）発注者および受注者は、相手方の書面による事前の承諾を得なければ、本プラントを構成する材料、機器（以下「材料・機器」という。）および本プラントを第三者に譲渡すること、もしくは貸与すること、または抵当権その他の担保の目的に供することはできない。

第7条　第三者の特許権等の使用

（1）受注者は、第三者の特許権、実用新案権、意匠権、商標権、著作権その他日本国の法令により定められた権利または営業秘密、限定提供データなど法律上保護される利益に係る権利（以下あわせて「第三者の特許権等」という。）の対象となっている材料・機器、施工方法、図面などを使用するときは、その使用に関して一切の責任を負わなければならない。ただし、発注者がその材料・機器、施工方法、図面などを指定した場合において、契約仕様書に第三者の特許権等の対象である旨の明示がなく、かつ、受注者がその存在を知らなかったときは、発注者は、その使用に関して一切の責任を負わなければならない。

（2）発注者および受注者は、本プラントに関して第三者の特許権等を侵害したとして紛争が生じたときは、その旨を直ちに相手方に通知する。

（3）本条（2）の場合において、当該紛争の当事者となっていない発注者または受注者は、本条（1）の責任を負担しない場合においても、その紛争の解決のために合理的な範囲で相手方に協力する。

（4）本条（2）の場合において、当該紛争の当事者となっている発注者または受注者が本条（1）の責任を負担しないときは、当該発注者または受注者は、本条（1）の責任を負担する相手方の事前の書面による承諾を得ない限り、その紛争に関して何らの承認、認諾または和解等を行わないものとする。

2

第8条　図面の承認

（1）受注者は、契約仕様書において発注者の承認を要する旨定められている図面（以下「承認対象図面」という。）を、発注者および受注者双方の合意した時期までに、または時期の合意がない場合には、承認対象図面に基づくそれぞれの受注者の役務開始予定日として第4条の発注者の承認を受けた工程表に示された日の14日前までに、発注者に提出しなければならない。

（2）契約仕様書に別段の定めがある場合を除き、発注者は、受注者に対し、受注者から提出された承認対象図面を受領した日から14日以内に、承認の旨または不承認の場合はその理由を付して書面をもって回答しなければならない。発注者が当該期間内に回答しない場合は、当該承認対象図面は発注者により承認されたものとみなす。

（3）受注者は、発注者により承認された図面（以下「承認図面」という。）に従って受注者の役務を遂行する。

（4）本条（3）の規定にかかわらず、承認図面の全部または一部が契約仕様書の内容に適合しないことが判明した場合、受注者は、当該承認図面の全部または一部を修正するとともに、既に当該承認図面に基づき施工されているときには当該不適合部分を改造しなければならない。ただし、契約仕様書の内容に適合していない部分が発注者の指示その他発注者の責めに帰すべき事由による場合は、この限りではない。

（5）本条（4）ただし書の場合であっても、受注者の故意または重大な過失によるとき、または受注者がその適当でないことを知りながらあらかじめ発注者に書面をもって通知しなかったときは、受注者は、その責任を免れない。ただし、受注者がその適当でないことを、書面をもって通知したにもかかわらず、発注者が適切な指示をしなかったときはこの限りではない。

第9条　責任者

（1）発注者および受注者は、それぞれ、本契約締結後ただちに、本契約の履行に関する責任者（以下「責任者」という。）を定め、書面をもって相手方に通知する。

（2）発注者および受注者間に別段の合意ある場合を除き、発注者および受注者それぞれの責任者は、本契約に基づく一切の権限を行使することができる。第10条（2）に定める受注者の通知後は、受注者の責任者のほか、受注者の現場代理人も、同条（3）および（4）により定められる権限を行使することができる。

（3）発注者および受注者は、本契約に基づいて自らが行う一切の指示、承認、請求、通知等を、相手方または相手方の責任者に対して行う。ただし、発注者

3

は、第10条（2）に定める受注者の通知後は、受注者の現場代理人に対しても、同条（3）および（4）に定められるその権限の範囲内の事項に関しては、これらを行うことができる。

第10条　現場代理人、監理技術者など

（1）受注者は、建設工事に着手するまでに、工事現場における施工の技術上の管理をつかさどる監理技術者または主任技術者を定め、書面をもってその氏名を発注者に通知する。また、専門技術者（建設業法第26条の2に規定する技術者をいう。以下同じ。）を定める場合、書面をもってその氏名を発注者に通知する。

（2）受注者は、現場代理人を定めたときは、書面をもってその氏名を発注者に通知する。

（3）現場代理人は、本契約の履行に関し、工事現場の運営、取締りを行うほか、次の各号に定める権限を除き、本契約に基づく受注者の一切の権限を行使することができる。

 a．建築士法で定める有資格者により遂行されるべき設計業務および工事監理業務に関する権限

 b．契約金額の変更

 c．完成期日の変更

 d．契約金額の請求または受領

 e．第6条における承諾

 f．第26条における受注者の同意

 g．受注者の役務の中止・本契約の解除および損害賠償の請求

（4）受注者は、本条（3）の規定にかかわらず、自己の有する権限のうち現場代理人に委任せず自ら行使しようとするものがあるときは、あらかじめ、当該権限の内容を発注者に書面をもって通知しなければならない。

（5）現場代理人、主任技術者（または監理技術者）および専門技術者は、これを兼ねることができる。

第11条　履行報告

 受注者は、受注者の役務の履行報告につき、契約仕様書に定めがあるときは、その定めに従い発注者に報告しなければならない。

第12条　工事下請業者、機材製造業者

 受注者は、工事を遂行する下請業者および機材製造業者を、自らの判断と責任で選定することができる。ただし、契約仕様書で、特定の下請業者または機

4

材製造業者が指定されている場合において、受注者が当該下請業者または機材製造業者を変更しようとするときは、受注者はその変更につき発注者の承認を受けなければならない。なお、当該下請業者または機材製造業者について、複数の候補者リストが契約仕様書に定められているときは、受注者が当該候補者リストの中から選定する限り、当該承認は不要とする。

第13条　材料・機器の検査・試験

（1）受注者は、契約仕様書において検査を受けて使用すべきものと指定されている材料・機器については、当該検査に合格したものを用いるものとし、契約仕様書において試験することを定めたものについては、当該試験に合格したものを使用する。

（2）本条（1）の検査または試験の費用は、受注者の負担とする。ただし、契約仕様書に定めのない検査または試験が必要と認められる場合に、これを行うときは、当該検査または試験に関連して生じる費用は、受注者の責めに帰すべき場合を除き、発注者の負担とする。

（3）工事用地への搬入後に行われた検査または試験に合格しなかった材料・機器は、受注者の責任においてこれを工事用地から引き取る。

（4）材料・機器の品質については、契約仕様書に定めるところによる。契約仕様書にその品質が明示されていないものがあるときは、中等の品質のものとする。

（5）第3項の場合を除き、受注者は、工事用地に搬入した材料・機器を工事用地外に持ち出すときは、発注者の承認を受ける。

第14条　支給品

（1）発注者が受注者に支給または貸与する材料・機器、建設機械、仮設、資材、電力、水等（以下「支給品」という。）の品名、数量、品質、規格、性能、引渡し場所および引渡し時期は、契約仕様書に定めるところによる。

（2）発注者は、契約仕様書に定めるところにより引渡し前に支給品を検査のうえ、引渡し場所において受注者に引き渡す。

（3）受注者は、支給品の引渡しを受けたときは、速やかに、支給品の品名、数量、規格等（性能および品質を除く。）について、外観（梱包されている場合は梱包された状態での外観）および添付関連書類が当該支給品に対応するものであるか否かを確認のうえ、発注者に受領書を提出する。ただし、受注者は、当該確認の結果、支給品のうち契約仕様書の定めと異なるもの、または使用することが適当でないと認めたものがあるときは、その旨を遅滞なく書面をもって発注者に通知する。

5

（4）発注者は、本条（3）の通知を受けた場合、速やかに当該支給品を修補し、または取替えなければならない。

（5）本条（1）の定めにかかわらず、発注者は、受注者が必要と認めるときは、受注者と協議のうえ、支給品の品名、数量、品質、規格、性能、引渡し場所および引渡し時期を変更する。

（6）受注者は、引渡しを受けた支給品につき、善良なる管理者の注意をもって保管し、使用する。

（7）受注者は、発注者から支給を受けた支給品のうち不要となったもの（残材を含む。いずれも有償支給品を除く。）および貸与された支給品につき、別途定められた時期および方法に従って発注者に返還するものとし、その定めのない場合は本プラントの引渡し後遅滞なく工事用地内において発注者に返還するものとする。

（8）受注者は、支給品の引渡しを受けた後、当該支給品につき不具合が明らかになったとき、またはこれを使用することが適当でないと判断したときは、ただちに書面をもってその旨を発注者に通知し、この通知を受けた発注者は、本条（3）における受注者の受領書の提出、支給品の確認または通知の有無にかかわらず、速やかに当該支給品を修補しまたは取替えるほか、当該支給品が既に施工済みの場合、当該修補または取替え等に要する一切の費用を負担する。

第15条　発注者の立会い

（1）契約仕様書において、機器の出荷に先立ち、当該機器の検査に発注者が立会いすることができる旨定められている場合、受注者は、発注者に対し、受注者が予定する検査日の相当期間前までに、立会いの受け入れが可能である旨の通知を行う。

（2）契約仕様書において、特定の工事の実施または検査に発注者が立会いすることができる旨定められている場合、受注者は、発注者に対し、受注者が予定する当該工事の実施日または受注者が予定する検査日の相当期間前までに、立会いの受け入れが可能である旨の通知を行う。

（3）本条（1）または（2）に基づく受注者から発注者への通知にもかかわらず、予定検査日または予定実施日に発注者が立会いを実施しなかった場合には、別途仕様書に記載のない限り、受注者は、発注者の立会いなく、当該機器を検査した後に出荷し、または当該工事を実施もしくは検査することができる。この場合、受注者は、実施または検査の記録を整備して、後日発注者に提出する。

6

第16条　発注者の提供する図面、仕様書
（1）発注者は、本契約に基づいて発注者が提供する図面、仕様書（契約仕様書中の図面、仕様書で発注者が提供したものを含む。以下「発注者の図面・仕様書」という。）の内容が正確であることを保証する。
（2）受注者は、発注者の図面・仕様書の内容に疑義を生じたとき、または誤謬、脱漏等を発見したときは、ただちに書面をもって発注者に通知する。
（3）発注者は、本条（2）の通知を受けたとき、ただちに調査を行い、書面をもって受注者に対して適切な指示を与える。発注者自ら本条（2）の疑義を生じ、または発見したときも同様とする。
（4）工事用地の状態、地質、湧水、施工上の制約などについて発注者の図面・仕様書に示された施工条件が実際と相違するとき、または、工事用地の地下条件などについて土壌汚染、地中障害物、埋蔵文化財、その他予期することのできない状態が発見されたときは、その対応について発注者および受注者間で協議する。
（5）本条（3）の指示または（4）の協議によって、必要があると認められるときは、発注者または受注者は、相手方に対し、受注者の役務の内容、完成期日または契約金額の変更を請求することができる。

第17条　承認図面または契約仕様書のとおりに実施されていない受注者の役務
（1）受注者の役務について、承認図面または契約仕様書のとおりに実施されていない部分があると試運転準備の完了前に認められる場合、受注者は、発注者の指示によって、または自ら、受注者の費用負担にて速やかにこれを修補または取替えを行う。この場合、受注者は、完成期日の延長を請求することはできない。
（2）施工について、試運転準備の完了前に、承認図面または契約仕様書のとおりに実施されていないと認められる相当の理由がある場合、発注者は、その理由を受注者に通知のうえ、合理的に必要な範囲で、既に実施した施工の状態を変更してその部分を検査することができる。
（3）本条（2）による検査の結果、承認図面または契約仕様書のとおりに実施されていないと認められる場合は、その変更、検査およびその復旧に要する費用は受注者の負担とする。
（4）本条（2）による検査の結果、承認図面または契約仕様書のとおりに実施されていると認められる場合は、その変更、検査およびその復旧に要する費用は発注者の負担とする。この場合において、受注者は、発注者に対し、必要と認められる完成期日の延長を請求することができる。
（5）本条（1）、（2）および（3）の規定にかかわらず、承認図面または契

7

約仕様書のとおりに実施されていない受注者の役務が次の各号の一によって生じたと認められる場合は、受注者は、その責任を負わない。

  a. 発注者の指示（発注者の図面・仕様書を含む。）によるとき。

  b. 支給品の性質、不具合など支給品によるとき。

  c. 発注者が指定した材料・機器によるとき。

  d. その他発注者の責めに帰すべき事由によるとき。

（6）本条（5）のときであっても、受注者の故意または重大な過失によるとき、または受注者がその適当でないことを知りながらあらかじめ発注者に通知しなかったときは、受注者は、その責任を免れない。ただし、受注者がその適当でないことを通知したにもかかわらず、発注者が相当な期間内に適切な指示をしなかったとき、または、適切な措置をとらなかったときはこの限りではない。

第18条　損害の防止

　受注者は、本プラントの引渡しまで、本プラントの出来形部分、材料・機器、近接する工作物または第三者に対する損害の防止に必要な措置をとる。かかる措置は、契約仕様書と関係法令に従い、かつ、建設工事と周辺環境に相応したものとする。

（2）本プラントに近接する工作物の保護またはこれに関連する措置で、発注者および受注者が協議して、本条（1）の措置の範囲を超える費用は発注者の負担とする。

（3）受注者は、災害防止などのため特に必要と認めたときは、あらかじめ発注者の意見を求めて臨機の措置をとる。ただし、急を要するときは、措置をとったのち発注者に通知する。

（4）発注者が必要と認めて臨機の措置を求めたときは、受注者は、ただちにこれに応ずる。

（5）本条（3）または（4）の措置に要した費用の負担については、発注者および受注者が協議して、契約金額に含むことが適当でないと認めたものの費用は発注者の負担とする。

第19条　第三者損害

（1）受注者は、受注者の役務の履行において第三者に損害を及ぼしたときは、その損害を賠償する。ただし、その損害のうち受注者が善良な管理者としての注意を払っても避けることができない騒音、振動その他の本プラントの特質による事由、または発注者の責めに帰すべき事由により生じたものについては、発注者の負担とする。

（2）本条（1）の場合、その他受注者の役務の履行について第三者との間に

紛争が生じたときは、受注者がその処理解決にあたる。ただし、受注者が要請する場合は、発注者は、受注者に協力する。

（3）本条（1）または本条（2）にかかわらず、本プラントに基づく日照阻害、風害、電波障害その他発注者の責めに帰すべき事由により、第三者との間に紛争が生じたとき、または損害を第三者に与えたときは、発注者がその処理解決にあたり、必要あるときは、受注者は、発注者に協力する。この場合、第三者に与えた損害を補償するときは、発注者がこれを負担する。

（4）本条（1）ただし書き、本条（2）（ただし、受注者の責めに帰すことのできない事由による場合に限る）、または本条（3）の場合において、完成期日の延長が必要となったときは、受注者は、発注者に対して、必要と認められる完成期日の延長を請求することができる。

第20条　本プラント等に生じた損害

（1）本プラントの引渡しまたは第25条（1）に定める部分引渡しまでに、本プラントの出来形部分、材料・機器、その他受注者の役務一般について生じた損害は、受注者の負担とし、完成期日は延長しない。ただし、本契約に別段の定めがある場合にはその定めによることとし、また、発注者の責めに帰すべき事由により生じた損害については、発注者がこれを負担し、受注者は必要と認められる完成期日の延長を請求することができる。

（2）火災・爆発等の危険によって、第22条に基づき受注者の付保する保険で回収できない損害が発注者の所有する工作物に発生した場合には、受注者の故意または重過失による場合を除き、その原因のいかんを問わず、発注者がこれを負担する。

第21条　特別危険による損害

　第20条（1）の規定にかかわらず、戦争・内乱・テロ・暴動・労働争議・原子力危険・放射能汚染・地震・噴火・津波によって、本プラントの出来形部分および工事用地に搬入された材料・機器（支給品を含む。）について生じた損害は、発注者が負担し、受注者は必要と認められる完成期日の延長を請求することができる。ただし、受注者が善良な管理者としての注意を怠ったために増大した損害については、受注者が負担する。

第22条　損害保険

　受注者は、遅くとも工事用地にいずれかの材料・機器（支給品を含む。以下本条において同じ。）を搬入するまでに、本プラントの出来形部分と工事用地に搬入された材料・機器、発注者の所有する工作物等について、組立保険、建

9

設工事保険、賠償責任保険その他の保険を、工事等請負契約書第6条（特記事項）に基づき付保する。受注者は、その証券の写しまたは付保証明を発注者に対し、遅滞なく提出する。

第23条　試運転準備の完了、検査、引渡し

（1）受注者は、試運転準備が完了したと判断したとき、発注者に検査を求める。

（2）発注者は、本条（1）の受注者の求めがある場合、契約仕様書に定める方法および期間内（期間の定めがない場合には受注者の請求から14日以内）に、受注者の立会いのもとに検査を行い、その結果を受注者に書面をもって通知する。

（3）本条（2）の検査に合格したとき、本条（1）により受注者が当該検査を求めた日をもって試運転準備が完了したものとする。

（4）本条（2）に定める期間内に発注者が検査の結果を受注者に通知しないときは、検査に合格したものとみなす。

（5）本条（2）の検査に合格しない場合には、発注者はその理由を明示して受注者に通知するものとする。

（6）本条（5）の通知があった場合、受注者は、その理由とされた箇所の修補または取替えを行い、本条（1）に従い、発注者の再検査を求める。ただし、修補または取替えに過分の費用を要する場合、または完成期日までに修補または取替えを行うことができないと受注者が判断するときは、発注者および受注者間の協議により措置を決定する。

（7）本条（6）の規定にかかわらず、検査に合格しなかった原因が、受注者の責めに帰すべき事由によらないときは、その修補または取替えに要する費用および損害は、発注者の負担とする。この場合において、受注者は、発注者に対し、必要と認められる完成期日の延長を請求することができる。

（8A）本条に基づく検査に合格したとき、発注者は、ただちに本プラントの引渡しを受ける。

注）受注者が第24B条に定める本プラントの性能保証を行う場合は上記第（8A）項の替わりに次の第（8B）項の規定を適用する。

（8B）本条に基づく検査に合格した後、次の各号の一にあたるとき、発注者は、ただちに本プラントの引渡しを受ける。

　　a．第24B条に定める性能保証運転において、契約仕様書に引渡し条件として定められた本プラントの性能に関する保証値（以下「保証値」という。）を満たすことが発注者により確認されたとき。

　　b．第24B条に定める性能保証運転において満たされない保証値（性能保証運転が行われないために確認できないものを含む。）について、第24B条

10

（2）ただし書きに基づいて受注者が予定損害賠償金を発注者に支払ったとき、または第24B条（4）に該当するとき。

（9）受注者は、試運転準備の完了時に残っている塗装、保温、保冷、舗装、清掃などの残工事を、試運転開始後に、速やかに完了する。

第24A条　発注者による試運転義務

　発注者は、第23条（8A）に基づく引渡しを受けた後、契約仕様書に定めるところにより、遅滞なく本プラントの試運転を行う。受注者は、この試運転に立会うとともに、増締めその他の助勢を行う。

注）受注者が本プラントの試運転・性能保証を行う場合は上記第24A条の規定の替わりに下記第24B条を適用する。

第24B条　受注者の試運転義務と性能保証

（1）第23条の検査に合格した後、受注者は、契約仕様書に定めるところにより、遅滞なく本プラントの試運転（契約仕様書に定める条件のもとで行われる性能保証運転（以下「性能保証運転」という。）を含む。以下同じ。）を行う。この場合、発注者は、当該試運転に立会うとともに、適切な資格・能力のある運転要員、原料、ユーティリティー、その他試運転に必要な用品および設備を発注者の負担と責任において供給する。

（2）受注者の責めに帰すべき事由により、性能保証運転を行うことができない、または第1回もしくはそれ以降の性能保証運転において保証値のいずれかが満たされない場合、受注者は、本プラントにつき、自ら必要と認める改造、修補または取替え等を行い、再度性能保証運転を行う。ただし、第2回目以降の性能保証運転において保証値のいずれかが満たされない場合であっても、契約仕様書に定める最低限の性能値が満たされている限り、受注者は、第2回目の性能保証運転開始時以降いつでも契約仕様書に定める予定損害賠償金を発注者に支払うことにより、当該保証値が満たされないことに関する一切の責任を免れることができる。

（3）受注者の責めに帰すことのできない事由により、性能保証運転を行うことができない、または第1回もしくはそれ以降の性能保証運転において保証値のいずれかが満たされない場合、発注者は、それぞれ本条（5）に定める期間内に、自ら費用を負担して、必要と認める措置を自ら行いまたは受注者に行わせ、その後受注者に対し性能保証運転を行うことを要求できる。

（4）本条（3）において、本条（5）に定める期間内に、発注者が必要な措置を完了させることができない場合、受注者は当該保証値が満たされないことに関する一切の責任を免れる。

（5）本条（3）および本条（4）における期間とは、受注者の責めに帰すこ

11

とのできない事由により性能保証運転を行うことができない場合には、その事由がなければ性能保証運転を開始したであろうと合理的に推定される日から2ヶ月間とし、同様の事由により第1回またはそれ以降の性能保証運転において保証値のいずれかが満たされない場合には、当該保証値が満たされないことが判明した日から2ヶ月間とする。ただし、当該期間中に、受注者の責めに帰すべき事由による性能保証運転の遅れがある場合、当該期間は、その遅れに相当する日数分延長されるものとする。

第25条　部分引渡し

（1）発注者が本プラントの全部の引渡しを受ける前にその一部引渡しを受ける場合（以下、この場合の引渡しを「部分引渡し」といい、引渡しを受ける部分を「引渡し部分」という。）、契約仕様書の定めによる。契約仕様書に別段の定めのない場合、発注者は、引渡し部分に相当する契約金額（以下「引渡し部分相当額」という。）の確定に関する受注者との事前協議を経たうえ、受注者の書面による同意を得なければならない。

（2）受注者は、引渡し部分の試運転準備が完了したと判断したとき、発注者に検査を求める。

（3）本条（2）の検査に関する手続きについては、第23条の規定を準用する。

（4A）本条（2）の検査に合格したとき、発注者は、引渡し部分相当額全額の支払いを完了すると同時に、当該引渡し部分の引渡しを受けることができる。

注）受注者が第24B条に定める本プラントの性能保証を行う場合は上記第（4A）項の替わりに次の第（4B）項の規定を適用する。

（4B）本条（2）の検査に合格した後、受注者は、引渡し部分に関し、試運転を行う。この場合、第23条（8B）および第24B条を準用し、発注者は、当該引渡し部分の引渡しを受けるときは、引渡し部分相当額全額の支払いを完了する。

（5）部分引渡しにつき、法令に基づき必要となる手続きがある場合は、当該手続きは発注者が行い、受注者はこれに協力する。また、当該手続きに要する費用は、発注者の負担とする。

第26条　部分使用

（1）本プラント全部の引渡し前に本プラントの一部を発注者が使用する場合（以下「部分使用」という。）、契約仕様書の定めによる。契約仕様書に別段の定めのない場合、発注者は、受注者の書面による同意を得たうえ、受注者の示す条件に従って部分使用を行う。

（2）本条（1）の部分使用により、必要があると認められるときは、発注者

または受注者は、相手方に対し、受注者の役務の内容、完成期日および契約金額の変更を請求することができる。

（3）部分使用につき、法令に基づき必要となる手続きがある場合は、当該手続きは発注者が行い、受注者はこれに協力する。また、当該手続きに要する費用は、発注者の負担とする。

第27条　契約不適合

（1）受注者は、本プラントについて、種類または品質に関して本契約の内容に適合しないもの（以下「不適合」という。）でないことを保証する。

（2）本条（1）の定めにかかわらず、受注者は、本プラントによって生産される物の品質および量ならびに生産に使用する原料およびユーティリティーなどの消費量については保証しない。ただし、第24B条が適用される場合は、その定めの限度で保証し、当該保証については、本条を適用しない。

（3）本条（1）の保証期間は、本プラントの引渡し後（部分引渡しが行われた場合、当該引渡し部分についてはその引渡し後）1年間とする。ただし、本プラントのうち、基礎ならびに建屋の躯体については、2年間とする。本項または本条（7）の保証期間（以下「本保証期間」という。）の終了後に発見された不適合に関して受注者は責任を負わない。受注者は発注者から本条（4）に従った請求がなされた場合、本保証期間が終了した後においては当該請求の根拠となる不適合に関し、当該請求および本条（6）に従ってなされる請求以外に何らの責任も負わない。

（4）本保証期間内に、不適合が発見された場合、発注者はただちに書面をもって受注者に通知し、当該通知により、または、当該通知後に別の書面により受注者に対し、当該不適合の修補または取替えによる無償での履行の追完、損害賠償または第31条（2）に基づく契約の解除を請求できる。発注者が相当の期間を定めて書面をもって履行の追完の催告をし、その期間内に履行の追完のない場合は、発注者は不適合の程度に応じた契約金額の減額を求めることができる。受注者が履行を追完する場合、発注者は、受注者が可能な限り速やかに必要な修補または取替えを行うことができるように協力する。

（5）本条（4）にかかわらず、不適合が重要でない場合において、履行の追完に過分の費用を要する場合は受注者は履行の追完を要しない。また、不適合が本契約および取引上の社会通念に照らして受注者の責めに帰すことができない事由による場合、発注者は損害賠償の請求をすることができない。

（6）いかなる場合も、本条（4）の発注者の請求が、本保証期間終了後30日、または当該不適合を発見したときから90日を経過した後に行われた場合、本保証期間内に発見された不適合であっても受注者は当該不適合に関し責任を負

13

わない。ただし、本条（４）に従う履行の追完の請求または催告が本項の期限内になされ、当該履行の追完の不履行に関する損害賠償の請求または契約金額の減額請求がなされる場合に限り、本保証期間の終了後180日以内になされた当該損害賠償請求または契約金額減額請求は本項の期限内になされたものとみなす。

（７）本条（４）の規定により、履行の追完が行われたとき、受注者は、当該部分について、その追完完了の日から、さらに１年間、不適合のないことを保証する。本項による保証期間はいかなる場合も本プラントの引渡し後（部分引渡しが行われた場合、当該引渡し部分についてはその引渡し後）２年間を超えないものとする。ただし、基礎ならびに建屋の躯体については、３年を超えないものする。また、本項の適用により基礎ならびに建屋の躯体について保証期間が引渡し後２年間より短縮されることはない。

（８）本条の定めにかかわらず、不適合が次の各号の一にあたるときは、受注者は、その責任を負わない。

　　a．発注者の指示（発注者の図面・仕様書を含む。）によるとき。

　　b．支給品の性質、不具合など支給品によるとき。

　　c．発注者が指定した材料・機器によるとき。

　　d．発注者の不適切な使用に基づくものであるとき。

　　e．材料・機器の想定される使用、自然現象などにより通常予想される劣化、摩耗、もしくは消損であるとき、またはこれらに起因するとき。

　　f．その他発注者の責めに帰すべき事由によるとき。

第28条　受注者の役務の変更、完成期日の変更

（１）本契約に別段の定めのある場合のほか、発注者は、必要があるときは、受注者に対し、合理的な範囲で、本プラントの仕様、内容、その他の受注者の役務の変更あるいは完成期日の変更を請求することができる。この場合において、受注者の役務の変更により、完成期日に試運転準備が完了できないと認められるときは、受注者は、必要と認められる完成期日の変更を請求することができる。

（２）受注者は、発注者に対して、受注者の役務の内容または完成期日の変更を提案することができる。この場合、発注者の承諾により、これらの変更が行われるものとする。

（３）本契約に別段の定めのある場合のほか、次の各号の一にあたるとき、受注者は、発注者に対し、必要と認められる受注者の役務の内容または完成期日の変更を請求することができる。

　　a．発注者の責めに帰すべき事由によるとき。

14

　　b．不可抗力その他受注者の責めに帰すことのできない事由によるとき。

　　c．契約締結後の法令・規則の制定、改訂または廃止によるとき。

　　d．その他正当な事由があるとき。

（4）本条（1）または本条（3）aにより受注者が損害を被ったときは、受注者は、発注者に対し、その補償を求めることができる。

第29条　契約金額の変更

　本契約に別段の定めのある場合のほか、次の各号の一にあたるとき、発注者または受注者は、相手方に対し、必要と認められる契約金額の変更を請求することができる。

　　a．契約締結後の法令や規則の制定、改訂もしくは廃止、経済事情の激変または不可抗力などにより、契約金額が相当でないと認められるとき。

　　b．第28条各項により受注者の役務の内容または完成期日が変更された結果、契約金額が相当でないと認められるとき。

第30条　履行遅滞・賠償額の予定・遅延利息

（1）受注者の責めに帰すべき事由により、受注者が完成期日までに試運転準備の完了を達成できないときは、次の各号のとおりとする。

　　a．完成期日後14日以内に完了したときは、受注者は、遅延に対する一切の責任を免れる。

　　b．完成期日後14日間を超えて完了した場合には、発注者は、受注者に対し、かかる14日間を超える遅延日数に応じて、契約金額に対し年10パーセントの割合で計算した額の予定損害賠償金を請求することができる。ただし、予定損害賠償金の合計額は、契約金額の5パーセントを上限とする。また、完成期日前に部分引渡しが行われた場合には、契約金額から引渡し部分相当額を差し引いた残額に基づいて予定損害賠償金および上限の金額を算出する。

（2）受注者は、発注者の請求の有無にかかわらず、本条（1）の予定損害賠償金（上限をもって定められる場合には、当該上限の金額）を支払うことによって、遅延に伴う一切の責任を免れることができる。

（3）受注者が、本条（1）に規定する上限の予定損害賠償金を支払った場合においても、受注者は、引き続き、速やかに試運転準備の完了を達成する義務および、試運転準備の完了時に試運転に支障のない残工事がある場合は、当該残工事を完了させる義務を負う。

（4）発注者が本契約における支払の全部または一部を完了しないときは、受注者は、発注者に対し、遅滞日数に応じて、支払遅滞額に対し年10パーセン

トの割合で計算した額の遅延利息を請求することができる。

（5）発注者が前払いまたは中間払いを遅滞しているときは、本条（4）の規定を適用する。

第31条　発注者の中止権・解除権

（1）発注者は、必要によって、書面をもって受注者に通知して、受注者の役務を中止しまたは本契約を解除することができる。この場合、発注者は、これによって生じる受注者の損害を賠償する。

（2）次の各号の一にあたるとき、発注者は、書面をもって受注者に通知して、受注者の役務を中止し、または、書面をもって相当の期間を定めて催告してもなお解消されないときは、本契約を解除することができる。ただし、当該事由が（解除にあっては当該期間を経過した時点において）本契約および取引上の社会通念に照らして軽微であるときはこの限りでない。。

 a．受注者が正当な理由なく、本契約の締結後速やかに受注者の役務に着手しないとき。

 b．受注者の役務が、正当な理由なく工程表より著しく遅れ、完成期日後相当期間内に、受注者が試運転準備の完了を達成する見込がないと認められるとき。

 c．受注者が第17条（1）の規定に違反したとき。

 d．引き渡された本プラントに不適合（ただし、第27条の規定に従って受注者が責任を負うものに限る。）が存在し、当該不適合によって本契約の目的を達することができないと認められるとき。

 e．本項a、b、cまたはdのほか、受注者が本契約に違反し、その違反によって本契約の目的を達することができないと認められるとき。

（3）次の各号の一にあたるときは、発注者は、書面をもって受注者に通知して、受注者の役務を中止し、または、何らの催告を要することなく、直ちに本契約を解除することができる。

 a．受注者が第5条の規定に違反したとき。

 b．受注者が建設業の許可を取り消されたとき、またはその許可が効力を失ったとき。

 c．受注者が支払いを停止する（資金不足による手形・小切手の不渡りを出すなど）などにより、受注者が受注者の役務を続行できないおそれがあると認められるとき。

 d．受注者が第32条（4）または（5）の各号の一に規定する理由がないのに本契約の解除を申し出たとき。

 e．受注者が以下の一にあたるとき。

16

　　イ　役員等（受注者が個人である場合にはその者を、受注者が法人である
　　　　場合にはその役員またはその支店もしくは常時建設工事の請負契約を
　　　　締結する事務所の代表者をいう。以下この号において同じ。）が暴力
　　　　団員による不当な行為の防止等に関する法律第2条第6号に規定する
　　　　暴力団員または同号に規定する暴力団員でなくなった日から5年を経
　　　　過しないもの（以下この号において「暴力団員等」という。）である
　　　　と認められるとき。
　　ロ　暴力団（暴力団員による不当な行為の防止等に関する法律第2条第2
　　　　号に規定する暴力団をいう。以下この号において同じ。）または暴力
　　　　団員等が経営に実質的に関与していると認められるとき。
　　ハ　役員等が暴力団または暴力団員等と社会的に非難されるべき関係を有
　　　　していると認められるとき。
（4）発注者は、書面をもって受注者に通知して、本条（1）、（2）または（3）
で中止された受注者の役務を再開させることができる。
（5）本条（1）により中止された受注者の役務が再開された場合、受注者は、
発注者に対して、必要と認められる契約金額の変更および完成期日の延長を請
求することができる。
（6）本条（2）または（3）の場合、発注者は受注者に損害の賠償を請求す
ることができる。ただし、（3）cに掲げる事由による場合は、この限りでない。

第32条　受注者の中止権・解除権

（1）次の各号の一にあたるとき、受注者は、書面をもって発注者に通知して
受注者の役務を中止することができる。ただし、aないしdに掲げる事由によ
る場合は、発注者に対し、書面をもって相当の期間を定めて催告してもなお当
該事由が解消されないときに限る。
　　a．発注者が前払または中間払を遅滞したとき。
　　b．発注者が正当な理由なく第16条（4）の協議に応じないとき。
　　c．発注者の責めに帰すべき事由（発注者が工事用地または支給品を受注者
　　　の使用に供することができないときおよび発注者が許認可等の取得または
　　　届出を怠ったときを含む。）により、受注者が受注者の役務を履行できな
　　　いときまたは受注者の役務が著しく遅延したとき。
　　d．不可抗力などのため受注者が受注者の役務を履行できないとき。
　　e．発注者が支払いを停止する（資金不足による手形・小切手の不渡りを出
　　　すなど）などにより、発注者が契約金額の支払い能力を欠くおそれがある
　　　と認められるとき。
（2）本条（1）に掲げる各号の事由が解消したときは、受注者は、受注者の

役務を再開する。

（3）本条（2）により受注者の役務が再開された場合、受注者は、発注者に対して、必要と認められる契約金額の変更および完成期日の延長を請求することができる。

（4）発注者が本契約に違反し、その違反によって本契約の履行ができなくなったと認められるとき、受注者は、発注者に対し、書面をもって相当の期間を定めて催告してもなお解消されないときは、書面をもって発注者に通知して本契約を解除することができる。ただし、当該違反の程度が当該期間を経過した時点において本契約および取引上の社会通念に照らして軽微であるときはこの限りでない。

（5）次の各号の一にあたるときは、受注者は、何らの催告を要することなく、書面をもって発注者に通知して直ちに本契約を解除することができる。

 a．第31条の（1）または本条（1）（eを除く）による受注者の役務の遅延または中止期間が、本契約の締結日から完成期日までの期間の4分の1以上になったときまたは6か月以上になったとき。

 b．発注者が受注者の役務を著しく減少させたため、契約金額が3分の2以上減少したとき。

 c．本条（1）eにあたるとき。

 d．発注者が以下の一にあたるとき。

  イ 役員等（発注者が個人である場合にはその者を、発注者が法人である場合にはその役員またはその支店もしくは営業所等の代表者をいう。以下この号において同じ。）が暴力団員による不当な行為の防止等に関する法律第2条第6号に規定する暴力団員または同号に規定する暴力団員でなくなった日から5年を経過しないもの（以下この号において「暴力団員等」という。）であると認められるとき。

  ロ 暴力団（暴力団員による不当な行為の防止等に関する法律第2条第2号に規定する暴力団をいう。以下この号において同じ。）または暴力団員等が経営に実質的に関与していると認められるとき。

  ハ 役員等が暴力団または暴力団員等と社会的に非難されるべき関係を有していると認められるとき。

（6）本条（1）、（4）または（5）の場合、受注者は発注者に損害の賠償を請求することができる。ただし、（1）eまたは（5）cに掲げる事由による場合は、この限りでない。

第33条　解除に伴う措置

（1）引渡し前に、第31条または第32条の規定により本契約が解除されたとき

18

は、履行済みの受注者の役務に相当する契約金額を受注者に対する対価として、発注者および受注者が協議して清算する。

（2）引渡し前に、本契約が解除されたときは、発注者および受注者が協議して当事者に属する物件について、期間を定めてその引取・あと片付などの処置を行う。

（3）本条（2）の処置が遅れているとき、催告しても、正当な理由なくなお行わないときは、相手方は、代わってこれを行い、その費用を請求することができる。

（4）引渡し後に本契約が解除されたときは、解除に伴う措置を発注者および受注者が民法の規定に従って協議して定める。

（5）第31条または第32条の規定により本契約が解除された場合においても、第31条（1）後段、同条（6）および第32条（6）のほか、第6条（1）、第7条、第19条（1）および（2）、本条、第34条、第35条ならびに第36条の規定は有効に存続するものとする。

第34条　秘密保持

（1）発注者および受注者は、本契約の履行を通じて知り得た相手方の情報（以下「秘密情報」という。）を、本契約の目的以外には使用してはならない。また、相手方の書面による同意がある場合を除き第三者に漏洩してはならない。

（2）本条（1）の規定にかかわらず、受注者は、受注者の役務を遂行するうえで必要な限度内において、この秘密情報を受注者の工事下請業者、業務受託者、機材製造業者、弁護士、公認会計士または税理士などに開示することができる。この場合、受注者は、当該開示先に対して、あらかじめ適切な秘密保持の義務を負わせる。

（3）次のいずれかにあたる情報については、本条（1）に定める秘密情報にはあたらない。

　　ａ．開示を受けた時点で既に公知であった、または受領した者の責めによらず公知となったもの。

　　ｂ．相手方から開示を受けたとき、既に自ら保有していたもの。

　　ｃ．開示を受けた側の当事者が、のちに第三者から適法に入手したもの。

　　ｄ．相手方から開示を受けた秘密情報によらず、独自に開発して得られたもの。

（4）本条（1）の規定にかかわらず、秘密情報を受領した者は、法令などによる開示義務を負い、または裁判所・税務当局・捜査当局などの司法機関・行政当局から正当な権限に基づき秘密情報の開示の要請を受けた場合には、その秘密情報を当該開示義務または要請の限度内において開示することができる。

19

第35条　損害の特則

　本契約に関して発注者または受注者が、相手方に損害賠償義務を負う場合（本契約の定めによる場合のほか不法行為等一切の法律上の原因を含む。）の損害については、本契約に特別の定めのある場合（第24B条（2）および第30条に定める予定損害賠償金ならびに第30条に定める遅延利息）はその定めに従い、それ以外のすべての場合は、損害賠償義務を負う者は、自らの故意または重過失による場合を除き、逸失利益、営業損失、不稼働損失、原料・生産物の損失および間接損害ならびにこれらに類する損害について一切の責任を負わない。

第36条　合意管轄

　本契約に関する一切の紛争については、発注者の住所地を管轄する地方裁判所をもって、第一審の専属的合意管轄裁判所とする。

（約款の終わり）

工事等請負契約書—逐条解説

> 　　　　　　　　　　　（以下「発注者」という。）と　　　　　　　　（以下「受注者」という。）
> は、次のとおり請負契約を締結する（以下「本契約」という。）。

[改正点]

　改正はない。

[解説]

　契約当事者を特定し、両当事者が請負契約を締結する旨を確認するものである。

> 第1条　契約の対象
> 　本契約の対象は、　　　　　　　　　　　所在の発注者の　　　　　　　　工場内における
> 指定場所に建設する以下の生産設備とし、その詳細を第2条に記載する契約仕様書に定め
> る。
> 　a.
> 　b.
> 　c.
>
> （以下「本プラント」という。）

[改正点]

　改正はない。

[解説]

　「工事等請負契約書」には契約の対象に応じて、重要な項目が記載される。第1条は、その契約対象を特定するものである。厳密に契約の対象を特定するという観点からすれば、プラント建設工事の場合、通称という意味での工事名だけではなく、工事場所とともに生産設備名があった方が良いと思われる。

　また、プラント建設工事においては、工事を行う場所は単に住所だけでは特定しにくい場合が多いことから、あえて「指定場所」という表現を使用している。この「指定場所」が、通常は発注者により指定され、技術的な契約内容を規定する「契約仕様書」（第2条にて本契約構成図書の一部と規定される）に付属する図面等により明確に示される。

　なお、「本プラント」は複数の生産設備がある場合はその総称である。従って、特定の設備について、本プラント全体とは別に「完成期日」（第5条に定義する）を規定する場合は、その旨別途明記する必要がある。

第2条　契約の内容
（1）受注者の役務の内容
受注者は、本条（2）の本契約構成図書の内容に従い、本プラントを完成するのに必要な設計、機材の調達、建設工事および試運転の助勢[注1]（これら役務をあわせて以下「受注者の役務」という。）を請け負う。
（2）本契約構成図書
本契約は、下記の図書により構成される。なお、下記図書相互間に矛盾が生じたときは、以下の優先順序に従い解釈するものとする。
　1．本「工事等請負契約書」
　2．契約仕様書（i.　　　ii.　　　iii.　　　　）
　3．ENAA国内プラント約款

改正点
受注者の役務内容として「試運転の助勢」が含まれる点を明確にした。

解説
　本条では契約の内容を規定している。プラント建設工事の主な内容は工事のみではなく、設計（基本設計が完了している場合は詳細設計）と機材の調達をも含むことから、内容を明確にすべく「本プラントを完成するのに必要な設計、機材の調達、建設工事および試運転の助勢」であることを明記し、これら受注者の役務をあわせて「受注者の役務」としている。
　なお、「工事等請負契約書」調印欄の前に設けられている注意書き（（注1）受注者に性能保証が要求されている場合は、「試運転の助勢」に代えて「試運転」とする。）にあるように、試運転準備の完了後に受注者が本プラントの試運転（性能保証運転を含む）を行う場合には、「受注者の役務」に「試運転」を含める必要がある。この場合第（1）項の文言は、「設計、機材の調達、建設工事および試運転」と変更する必要がある。本約款では、受注者が性能保証を行う場合には、必ず受注者が試運転を行うという構成となっており、受注者が性能保証または試運転の一方のみを行うことは想定していない。これは、性能保証をする受注者は、試運転に必要なノウハウや経験を備えているため、受注者自身で試運転が可能であることを考慮したためである。
　第（2）項では、本契約構成図書を解釈する場合の優先順序について規定するとともに、契約仕様書を構成する文書の表題を記載する欄を設けている。
　約款の優先順序を契約仕様書よりも下位にした理由は、契約仕様書には、通常、約款には記載されない技術仕様、実施方法等が記載されるが、場合によっては約款と矛盾を生じる可能性がある。この場合、約款の内容を契約仕様書によってある程度修正することで約款自体を変更せずに済むよう、利便性を考慮したものである。また、「工事等請負契約書」を最優先にしているため、契約の基本的な内容については「工事等請負契約書」の第1条から第5条に規定す

ることとしているほか、契約仕様書には記載されない事項について約款の規定を変更する必要がある場合に、第6条の「特記事項」として規定しなければならない。なお、本契約構成図書を追加する場合、これらの考え方を念頭に、優先順序を検討して追加する必要がある。

　また、契約後の工事の進捗や事情変更によって契約仕様書が改訂されることがあるため、契約仕様書については表題に日付や改訂番号を併記し、改訂された場合にはその都度第（2）項の契約仕様書の欄の記載に係る変更について別途覚書等により合意するなど、当事者間の合意内容を明確にすることが望ましい。

　第3条　契約金額等
　（1）本契約に基づく受注者の役務に対する対価（以下「契約金額」という。）として、発注者は、受注者に次の金額を支払う。

　契約金額（消費税額を除く。）
　　金　　　　　　　　円（¥　　　　　　　　　　）
　（2）消費税等
　　発注者は、契約金額に対する下記消費税および地方消費税を負担する。
　　金　　　　　　　　円（¥　　　　　　　　　　）

改正点

　改正はない。

解説

　本モデルフォームは、契約時に契約金額を確定しうる条件が整っていることを前提として、定額請負契約（ランプサム）方式を想定し、本条にその定額の契約金額を定めている。

　なお、契約締結後の受注者の役務内容の変更・仕様の変更等により、契約金額の変更が必要となる場合を想定して、約款第29条（契約金額の変更）その他の条項において契約金額の調整のための規定を設けている。

　本条第（1）項は、発注者が第2条第（1）項で定める受注者の役務に対して報酬を支払うという対価関係を規定している。

　本条では、さらに、受注者の役務の対価と消費税等の金額を明確にするため、第（1）項では、契約金額として消費税額を除いた金額を、第（2）項では、消費税額をそれぞれ記載することとしている。

第4条　支払い条件
　発注者は、契約金額および消費税額を、次のとおり支払う。
本契約の締結時：
（中間払い_{注2}）：
本プラントの引渡し時：

改正はない。

解説

　本条は、報酬の支払いは、仕事の目的物の引渡しと同時が原則という任意規定を定める民法第633条（報酬の支払時期）の特約として、契約締結時払いや中間払いにつき定めている。

　プラントの建設契約は、契約金額が大きくかつ工期が長期間にわたるものが多く、受注者の資金負担が大きくなることを考慮すると、民法の原則に基づき契約代金の支払いを本プラントの引渡し時とすることは、受注者の立場を著しく不利とするため、契約締結時払い、中間払いによる支払いを規定するのが通例となっている。

　契約締結時払いは、工事開始前に、受注者の工事開始に必要な資金の一部をカバーするために契約金額の一部を支払うものであり、受注者はこの支払いを受けるまでは役務の開始を遅らせたり、役務を中止したりすることができる（約款第32条第（1）項第a号参照）。

　なお、中間払いの支払い時期や回数は、発注者との間において、自由に取り決めることが可能である。この場合、具体的な支払い期日を定める方式またはあらかじめ設定されるスケジュール管理のために設定されたマイルストーンに基づく支払い等を規定すると良い。

　また、具体的な支払い内容を記載するために本条に設けたコロン右欄には、金額や契約金額の割合を記載することが想定される。

第5条　完成期日
　受注者は、本契約の締結後速やかに受注者の役務に着手し、　　　年　　月　　日（本契約の定めにより変更された場合は、変更後の日とする。以下「完成期日」という。）までに本プラントの試運転開始に必要なすべての受注者の役務を完了する（塗装、保温、保冷、舗装、清掃など、試運転に支障のない残工事を除く。以下この状態を「試運転準備の完了」または「試運転準備が完了」という。）。

改正はない。

解説

　プラント建設工事における完成という概念にはいくつかのステップがある。まず、機械的な完成というものがあり、この段階では、プラントは機械的に完成しているが、まだ原料を入れられる状態にまで至っていない。次に、試運転準備の完了という段階がある。この段階でプラントは初めて試運転が開始しうる状態となる。そして、性能保証運転の完了がある。この段階では、プラントは満足できる性能を有することがテストされ、いわゆる商業運転が可能な状態となる。本約款では、納期として、試運転が開始しうる状態とすべき期日を「完成期日」とし、試運転が開始しうる状態を「試運転準備の完了」と定義している。従って、「試運転準備の完了」後にも、試運転に支障のない残工事や、受注者が性能保証をする場合には試運転等の「受注者の役務」が残ることとなる。これは、生産を目的とするプラントにおいては、発注者にとって重要なのは、すべての工事が完了する期日よりも本プラントが実質的に完成し、試運転が開始可能となる期日である、という考えに基づいている。なお、これら残工事については、受注者は試運転開始後に、速やかに完了する義務を負う（約款第23条第（9）項参照）。

　なお、「受注者の役務」に含まれる「試運転準備」の内容については（完成期日前後に発注者側が行う作業がある場合には、その作業内容も含め）、その詳細を契約仕様書に記載するのが通常である。

第6条　特記事項(注3)

改正点

　改正はない。

解説

　第2条の解説にもあるように、契約構成図書相互間に矛盾が生じたときは「工事等請負契約書」の記載が最優先される。従って、約款の規定を変更する必要がある場合、その規定の変更点、また性能保証（約款第24B条）、部分引渡し（同第25条）、部分使用（同第26条）の有無、受注者が付保する損害保険の内容（同第22条）等をここに特記することとなる。

　例えば、性能保証は、その有無により約款第23条第（8）項、同第24条および同第25条第（4）項において適用される条項が異なるため、その有無をここに明記することが想定されている。ただし、ここに性能保証の有無を明記する代わりに、最初から添付する約款において、性能保証の有無に応じて適用される条項のみを記載する形にする（適用されない条項については削除する）ことでもよい。

　また、部分引渡しや部分使用については、契約締結後に発注者と受注者間で合意されれば、これを行うことも可能であるが、契約締結時から既にそれらが行われることが予定されている場合には、後日のトラブルをできるだけ防止するため、これを明記しておくべきである。

なお、発注者および受注者は、契約の対象となる建設工事が「建設工事に係る資材の再資源化等に関する法律」（いわゆる、建設リサイクル法）第9条第1項に定める対象建設工事に該当する場合、分別解体等の方法、解体工事に要する費用、再資源化等をするための施設の名称および所在地、再資源化等に要する費用の4点を含む書面を、同法第13条および特定建設資材に係る分別解体等に関する省令第4条に基づく書面として別途作成し、本条にその旨を明記したうえ、これを添付するか、署名または記名押印のうえ、相互に交付する必要がある。

注1）受注者に性能保証が要求されている場合は、「試運転の助勢」に代えて「試運転」とする。
注2）支払い期日またはマイルストーンを記載する。
注3）特に明記する必要のあるもの、たとえば、受注者による本プラントの性能保証の有無、部分引渡し、部分使用の規定、受注者が付保する損害保険の内容等。

本契約締結の証として本書2通を作成し、発注者および受注者それぞれ記名捺印のうえ、各1通を保有する。

　　　　年　　　月　　　　日

　　　　　　　　　　　　　　　　発注者　　　株式会社
　　　　　　　　　　　　　　　　　　　　　　代表取締役
　　　　　　　　　　　　　　　　受注者　　　株式会社
　　　　　　　　　　　　　　　　　　　　　　代表取締役

解説

　注1）、2）、3）についての説明と調印欄が配置されている。

第Ⅱ部―2

ENAA国内プラント約款―逐条解説

第1条　許認可等の取得

（1）発注者および受注者は、受注者の役務遂行のために必要となる許認可、その他監督官庁への届出のうち、各自の名義で取得・届出すべきものについては、それぞれの責任で取得・届出するものとし、互いに相手方に対して、必要な協力を行わなければならない。

（2）本プラントの運転に必要な許認可、その他監督官庁への届出については、発注者が自己の責任で取得・届出する。

改正点

改正はない。

解説

　プラント建設工事は許認可等が複雑であるため、発注者および受注者双方の責任を明確にするため本条項を設けた。本プラントの運転に必要な許認可等については、発注者において取得・届出を行うことが通常であることから、第（2）項において、この旨を規定している。なお、許認可等の取得・届出について、契約仕様書等にて、許認可等の内容、取得・提出期限および責任を負担する当事者を明確化する対応が望ましい。

第2条　工事用地など

（1）発注者は、契約仕様書で定められた日までに、本プラントの敷地および契約仕様書において発注者が提供すべきものと定められた受注者の役務遂行に必要な土地（以下これらを「工事用地」という。）を受注者に引き渡すとともに、契約仕様書に従い、受注者が工事用地にアクセスするために必要かつ適切な処置を講ずる。

（2）契約仕様書において工事用地の引渡し日または本条（1）における発注者の処置内容が定められていない場合には、発注者は、第4条において発注者が承認した工程表に従い、工事用地の引渡し日または発注者の処置内容につき受注者と協議のうえ、受注者の役務の遂行に支障のない範囲で確定する。

改正点

改正はない。

解説

　プラントを建設する敷地等の工事用地を指定する発注者が、受注者の役務遂行に支障を来さないよう、敷地およびその他工事等に必要な用地を確保する義務を負うことを定めている。確保すべき義務の対象となる工事用地は、プラントの建設用地である「敷地」および「契約仕

様書において発注者が提供すべきものと定められた受注者の役務の遂行上必要な土地」である。「受注者の役務遂行上必要な土地」とは、工事用道路に供する私有地、工事機器作業用地、現場作業所（事務所、駐車場など）用地、資材置場用地などを意味するが、いずれも契約仕様書において発注者が提供するものと定められたものに限る。

　発注者が工事用地を受注者の使用に供することができない場合は、第32条に従って、受注者に、役務の中止権もしくは解除権とともに損害賠償請求の権利が生じる。

　本約款では工事用地の提供のみならず「工事用地にアクセスするために必要かつ適切な処置」も発注者の責任としている。プラント建設工事では、工事用地が必ずしも公道に面しているとは限らず、既設プラントの増設等、発注者の工場敷地内の一部を工事用地として使用する場合が多い。その際、敷地内において資機材運搬・保管、車両・人員の通行等が円滑に行われるよう、障害物の除去、道路の整備・補強等アクセスの確保が重要である。

　そこで、第（1）項において、契約仕様書に記載がある場合には契約仕様書の内容に従い、また、第（2）項において、契約仕様書に記載がない場合には受注者との協議の内容に従い、それぞれ、発注者に対し、これらの便宜を図る義務を課すことにしている。

　なお、民間連合約款では、第2条に工事用地などについて規定がある。

第3条　関連工事の調整

（1）発注者は、発注者の発注にかかる第三者の建設工事が受注者の建設工事と密接に関連する場合において、必要があるときは、それらの施工につき調整を行う。このとき、発注者は、その調整の内容について受注者と事前に協議しなければならない。

（2）受注者は、本条（1）の事前協議を経て定められた調整に従い、第三者の建設工事が円滑に進捗し、完成するよう協力しなければならない。

（3）本条（1）の調整により、必要があると認められるときは、発注者または受注者は、相手方に対し、受注者の役務の内容、完成期日または契約金額の変更を請求することができる。

改正点

　改正はない。

解説

　プラント建設工事では、一般の建設工事と比べて、関連工事の調整を行う頻度が高い。これは、発注者の敷地内で複数のプラント建設工事が同時並行的に進められたり、発注者があるプラント建設工事のためのプラント設備を複数の請負人に発注し、工事の相互進捗状況を確認しながらプラント全体を完成させたりするなど、プラント建設工事に特有の事情があるためである。

　そこで、まず、第（1）項は、発注者には関連工事の調整前に受注者と事前協議を行う義務がある旨を規定している。

　次に、第（2）項は、受注者には、第（1）項に基づき行われた事前協議によって定められた調整に従い、関連工事の円滑な進捗と完成のために協力する義務がある旨を規定している。

　そして、第（3）項は、かかる調整の結果、必要があると認められる場合には、発注者または受注者は受注者の役務の内容、完成期日または契約金額の変更を請求することができる旨を規定する。

　なお、民間連合約款では、第3条に関連工事の調整に関する規定があり、これに伴う工期の変更に関する規定が第28条に、請負代金の変更に関する規定が第29条にそれぞれ設けられている。

> **第4条　工程表および組織表**
> 　受注者は、本契約締結後速やかに受注者の役務遂行のための工程表および組織表を発注者に提出し、工程表については発注者の承認をうける。

| 改正点 |

　改正はない。

| 解説 |

　契約締結時において、完成期日および大まかな工程は「工事等請負契約書」や契約仕様書においてそれぞれ記載されるが、ここにいう工程表は、契約締結後に作成されるより詳細な工程表のことである。

　契約の初期段階において発注者が工程表から工事全体の工程を把握することは、関連工事の調整ならびに支給品の確保および提供、さらに工事の進捗に応じて発生する図面等の承認といった工事に必要な発注者の準備作業を促進させ、結果として発注者と受注者の間に良好な関係を築き、完成期日における試運転準備完了の達成を確実にすることに繋がる。

　工程表は、中間払いの際の金額算定や工期変更の協議の際に用いられるが、受注者による作業実施工程がこの工程表に記載された工程より遅延しても、著しい遅れにより受注者が試運転準備の完了を達成する見込がなく第31条第（2）項第b号の適用がある場合を別にすれば、それのみを根拠に受注者が責任を負うことはない。また、プラント建設工事においては、受注者の組織が細分化され、その業務も工事現場から本社にまたがって並行して行われることも多い。本条の規定は、組織表を提出することにより、細分化された受注者の組織全体を発注者に明確に提示し、発注者および受注者間のスムーズなコミュニケーションを確保することを目的としている。

　なお、民間連合約款では、第4条に請負代金内訳書、工程表に関する規定があるが、これと

異なり、本条では、請負代金内訳書の発注者への提出義務を規定していない。これは、プラント建設工事においては、契約締結よりも前の段階で、請負代金内訳書の提出を求められることが多く、通常、契約締結後にそれを提出することはないためである。

第5条　一括下請負、一括委任の禁止
　受注者は、本契約の履行に関し、受注者の役務の全部または大部分を一括して第三者に委任しまたは請け負わせてはならない。ただし、法令の定めに反しない限りにおいて、事前に発注者の書面による承諾を得た場合はこの限りではない。なお、この場合においても、受注者の本契約に基づく責任は軽減または免除されない。

改正点

改正はない。

解説

　受注者はその役務を完結する義務を負うが、受注者自身ですべての役務を行う義務はない。むしろ、プラント建設工事では、役務の一部、特に調達と建設を下請けさせるのが通常である。しかしながら、一括下請負や一括委任によって工事の責任の所在が不明確となり手抜き工事の温床となりうる。そこで、発注者の書面による承諾がない限り、一括下請負、一括委任が禁止される。建設業法第22条と趣旨は基本的には同じである。

　なお、平成18年12月改正の建設業法第22条第3項によって、「建設工事が多数の者が利用する施設または工作物に関する重要な建設工事で政令に定めるもの」は、たとえ発注者の承諾を得たとしても一括下請負、一括委任を行うことが禁止された。当面、当該工事は「共同住宅を新築する建設工事」とされており（建設業法施行令第6条の3）、プラント建設工事の範囲には含まれないものと考えられるが、法令の定めにより発注者の承諾を得たとしても一括下請負、一括委任が禁じられる場合があるため、本条ただし書きに「法令の定めに反しない限りにおいて」との文言を規定している。

　末尾に「なお、この場合においても、受注者の本契約に基づく責任は軽減または免除されない。」と記載されているが、このただし書きの有無にかかわらず、一括下請負もしくは一括委任を行った場合においては、特約なき限り、受注者が本契約に基づく全責任を負うのは当然である。これにより、発注者の受注者に対する不安の払拭と信頼の醸成に役立つことが期待される。

　本条は、民間連合約款第5条と同趣旨である。

【参考】一括下請負については、建設業法第22条およびその関連通達（平成28年10月14日国土建第275号）に詳細が規定されている。これを要約すれば以下のようになる。
　○一括下請とは

建設業者は、その請け負った建設工事の完成について誠実に履行することが必要であり、次のような場合は、元請負人がその下請工事の施工に実質的に関与することなく、以下の場合に該当するときは、一括下請負に該当する。
① 請け負った建設工事の全部またはその主たる部分について、自らは施工を行わず、一括して他の業者に請け負わせる場合。
② 請け負った建設工事の一部分であって、他の部分から独立してその機能を発揮する工作物の建設工事について、自ら施工は行わず、一括して他の業者に請け負わせる場合。
○実質的関与とは
　元請負人が自ら施工計画の作成、工程管理、品質管理、安全管理、技術的指導等を行うことをいい、具体的には以下のとおりである。
① 発注者から直接建設工事を請け負った建設業者は、「施工計画の作成、工程管理、品質管理、安全管理、技術的指導等」として、それぞれ次に掲げる事項を全て行うことが必要となる。
　（ⅰ）施工計画の作成：請け負った建設工事全体の施工計画書等の作成、下請負人の作成した施工要領書等の確認、設計変更等に応じた施工計画書等の修正
　（ⅱ）工程管理：請け負った建設工事全体の進捗確認、下請負人間の工程調整
　（ⅲ）品質管理：請け負った建設工事全体に関する下請負人からの施工報告の確認、必要に応じた立会確認
　（ⅳ）安全管理：安全確保のための協議組織の設置および運営、作業場所の巡視等請け負った建設工事全体の労働安全衛生法に基づく措置
　（ⅴ）技術的指導：請け負った建設工事全体における主任技術者の配置等法令遵守や職務遂行の確認、現場作業に係る実地の総括的技術指導
　（ⅵ）その他：発注者等との協議・調整、下請負人からの協議事項への判断・対応、請け負った建設工事全体のコスト管理、近隣住民への説明
② ①以外の建設業者は、「施工計画の作成、工程管理、品質管理、安全管理、技術的指導等」として、それぞれ次に掲げる事項を主として行うことが必要となる。
　（ⅰ）施工計画の作成：請け負った範囲の建設工事に関する施工要領書等の作成、下請負人が作成した施工要領書等の確認、元請負人等からの指示に応じた施工要領書等の修正
　（ⅱ）工程管理：請け負った範囲の建設工事に関する進捗確認
　（ⅲ）品質管理：請け負った範囲の建設工事に関する立会確認（原則）、元請負人への施工報告
　（ⅳ）安全管理：協議組織への参加、現場巡回への協力等請け負った範囲の建設工事に関する労働安全衛生法に基づく措置
　（ⅴ）技術的指導：請け負った範囲の建設工事に関する作業員の配置等法令遵守、現場作業に係る実地の技術指導
　（ⅵ）その他：自らが受注した建設工事の請負契約の注文者との協議、下請負人からの協議事項への判断・対応、元請負人等の判断を踏まえた現場調整、請け負った範囲の建設工事に関するコスト管理、施工確保のための下請負人調整
　ただし、請け負った建設工事と同一の種類の建設工事について単一の業者と下請契約を締結するものについては、以下に掲げる事項を全て行うことが必要となる。
　―請け負った範囲の建設工事に関する、現場作業に係る実地の技術指導
　―自らが受注した建設工事の請負契約の注文者との協議
　―下請負人からの協議事項への判断・対応
　なお、建設業者は、建設業法第26条第1項および第2項に基づき、工事現場における建設工事の施工上の管理をつかさどるもの（監理技術者又は主任技術者。以下単に「技術者」という。）を置かなければならないが、単に現場に技術者を置いているだけでは上記の事項を行ったことにはならず、また、現場に元請負人との間に直接的かつ恒常的な雇用関係を有する適格な技術者が置かれない場合には、「実質的に関与」しているとはいえない。
　　○一括下請負該当の可否判断について
　元請負人が請け負った建設工事一件ごとに行い、建設工事一件の範囲は、原則として請負契約単位で判断される。

改正点

　第（1）項において、権利・義務の譲渡・承継に加え、担保に供すること、および契約上の地位を移転することもできないとした。

　第（1）項および第（2）項における相手方の書面による承諾は事前に得ることとした。

解説

　発注者および受注者が、第三者に対して本契約による権利・義務を譲渡・承継・担保供与すること、契約上の地位を移転すること、また本プラントや本プラントを構成する材料・機器を譲渡、貸与または担保供与することを原則として禁止している。

　プラント建設工事請負契約は、発注者が受注者の設計・調達・施工能力を、受注者が発注者の支払い能力・運転能力等を相互に信頼する関係の上に成り立っており、これを維持するため、第（1）項においては、相手方の書面による事前の同意がない限り、権利・義務の譲渡・承継・担保供与、契約上の地位の移転はできないものとしている。契約上の地位の移転については、改正後民法において新たに条文が追加された（第539条の2）ことを踏まえて追記したものである。譲渡については、改正前民法によれば、権利は原則として譲渡できるものの、契約において債権譲渡を制限する旨の合意があれば譲渡は認められないとされていたところ、改正後民法においては、そのような合意があっても債権を譲渡できることとなった（第466条第2項）。ただし、譲渡制限の合意自体は民法改正後も有効であり、また、実際の場面では、譲受人としては譲渡制限の有無を事前に確認するであろうと思われ、そうであれば改正後民法第466条第3項により債務者は譲受人に対する債務の履行を拒めることから、本項における譲渡制限は維持することとしている。

　第（2）項においては、「本プラントを構成する材料・機器および本プラント」の譲渡等を禁止対象としているが、検査済みか否かを問わず、本プラントに既に組み入れられた材料・機器のみならず、本プラントに組み入れられるべく特定された材料・機器も禁止対象に含まれると考えている。プラントでは、汎用品・標準品以外に特注品・特殊品を使用することが少なくないが、これらにはノウハウが含まれているほか、納期まで長期間を要することが予想される

ため、第三者に譲渡されれば、納期遅れや施工不能等重大な結果を引き起こすおそれがあるからである。

　なお、民間連合約款では、権利、義務の譲渡などの禁止について、第6条に同趣旨の規定があるが、譲渡等の禁止対象物に若干の違いがある。

　第7条　第三者の特許権等の使用
（1）受注者は、第三者の特許権、実用新案権、意匠権、商標権、著作権その他日本国の法令により定められた権利または営業秘密、限定提供データなど法律上保護される利益に係る権利（以下あわせて「第三者の特許権等」という。）の対象となっている材料・機器、施工方法、図面などを使用するときは、その使用に関して一切の責任を負わなければならない。ただし、発注者がその材料・機器、施工方法、図面などを指定した場合において、契約仕様書に第三者の特許権等の対象である旨の明示がなく、かつ、受注者がその存在を知らなかったときは、発注者は、その使用に関して一切の責任を負わなければならない。
（2）発注者および受注者は、本プラントに関して第三者の特許権等を侵害したとして紛争が生じたときは、その旨を直ちに相手方に通知する。
（3）本条（2）の場合において、当該紛争の当事者となっていない発注者または受注者は、本条（1）の責任を負担しない場合においても、その紛争の解決のために合理的な範囲で相手方に協力する。
（4）本条（2）の場合において、当該紛争の当事者となっている発注者または受注者が本条（1）の責任を負担しないときは、当該発注者または受注者は、本条（1）の責任を負担する相手方の事前の書面による承諾を得ない限り、その紛争に関して何らの承認、認諾または和解等を行わないものとする。

　改正点

　第（1）項では、「特許権など」を「第三者の特許権等」に変更のうえ、「第三者の特許権等」の定義に、「営業秘密、限定提供データなど法律上保護される利益に係る権利」を追加した。また、発注者がその材料・機器、施工方法、図面などを指定した場合において、契約仕様書に第三者の特許権等の対象である旨の明示がなく、かつ、受注者がその存在を知らなかったときは、発注者が一切の責任を負うことに変更した。

　第（2）項では、第三者との間で特許権等に関する紛争が生じたときの通知義務を定めた。

　第（3）項では、第三者の特許権等に関する紛争が発注者と第三者との間で生じる場合も想定されるため、このような場合における受注者の協力義務を追加し、発注者および受注者が相互に協力義務を負担する構成に変更した。

　第（4）項では、第（1）項に基づく責任を負担しない当事者が第三者との紛争の当事者と

なる場合において、第（1）項に基づく責任を負担する当事者の事前の承諾なく、何らの承認、認諾、または和解等を行わないことを追加した。

　プラント建設工事に使用する材料・機器、施工方法および図面などが第三者の特許権等の対象となる場合には、当該第三者からの許諾の取得や当該第三者へのライセンス料の支払いに関する取決めを含め、原則として受注者が責任を負う旨を定めた規定である。

　第（1）項では、受注者の責任負担を原則としているが、発注者が材料等の指定をした場合において、契約仕様書に第三者の特許権等の対象である旨の明示がないことに加え、受注者がそのような存在を知らない場合にまで、受注者にその責任を負わせることは酷であると考えられる。そのため、このような場合には、発注者が第三者の特許権等の使用に関して責任を負うことにしている。

　なお、ソフトウェアプログラム等も著作権の対象に含まれるので、その権利関係にも十分留意しておかなければならない。

　第（2）項においては、第三者との間で特許権等の紛争が生じた場合は、紛争を迅速に解決するために、直ちに相手方に通知する義務を定めた。

　第（3）項においては、第三者の特許権等の使用に関して、第三者との間で紛争が生じた場合の協力義務について規定している。かかる紛争に関して、第（1）項の責任を負担する発注者または受注者は、自らが紛争の当事者となっているか否かにかかわらず、その紛争を解決すべき義務を負担することは当然であるが、第（1）項の責任を負担しない当事者についても、自らが紛争の当事者となっていない場合であっても、その紛争の解決のために相手方に対して合理的な範囲で協力すべきである。

　第（4）項においては、第（1）項の責任を負担しない当事者が第三者との紛争の主体となった場合において、相手方の事前の承諾なく事実や主張の承認、請求の認諾または和解等を行わないことを規定している。かかる事項については、最終的に第（1）項の責任を負担する当事者が判断すべき事項であり、最終的な責任を負担しない当事者による安易な事実や主張の承認、請求の認諾、または和解等を防止する趣旨である。

　なお、本条では、材料・機器、施工方法および図面などを使用する場合について規定するが、プラントの生産プロセスに関して受注者が発注者に使用許諾する場合は、その許諾条件が発注者と受注者間で別途締結するライセンス契約等において規定されるべき事項と考え、本条では考慮されていない。

　なお、民間連合約款では、特許権などの使用について、第7条に規定がある。

第8条　図面の承認
（1）受注者は、契約仕様書において発注者の承認を要する旨定められている図面（以下

「承認対象図面」という。）を、発注者および受注者双方の合意した時期までに、または時期の合意がない場合には、承認対象図面に基づくそれぞれの受注者の役務開始予定日として第4条の発注者の承認を受けた工程表に示された日の14日前までに、発注者に提出しなければならない。

（2）契約仕様書に別段の定めがある場合を除き、発注者は、受注者に対し、受注者から提出された承認対象図面を受領した日から14日以内に、承認の旨または不承認の場合はその理由を付して書面をもって回答しなければならない。発注者が当該期間内に回答しない場合は、当該承認対象図面は発注者により承認されたものとみなす。

（3）受注者は、発注者により承認された図面（以下「承認図面」という。）に従って受注者の役務を遂行する。

（4）本条（3）の規定にかかわらず、承認図面の全部または一部が契約仕様書の内容に適合していないことが判明した場合、受注者は、当該承認図面の全部または一部を修正するとともに、既に当該承認図面に基づき施工されているときには当該不適合部分を改造しなければならない。ただし、契約仕様書の内容に適合していない部分が発注者の指示その他発注者の責めに帰すべき事由による場合は、この限りではない。

（5）本条（4）ただし書きの場合であっても、受注者の故意または重大な過失によるとき、または受注者がその適当でないことを知りながらあらかじめ発注者に書面をもって通知しなかったときは、受注者は、その責任を免れない。ただし、受注者がその適当でないことを、書面をもって通知したにもかかわらず、発注者が適切な指示をしなかったときはこの限りではない。

改正点

改正はない。

解説

　プラント建設工事においては、発注者自身のプロセスによって基本設計が実施され（受注者が性能保証を行う場合を除く。）、プラントの主要機器の配置、性能、仕様などプラントの性能にかかわる基本的事項を記載した図面や仕様などが発注者の承認の対象となるのが通常である。本モデルフォームにおいても、設計・施工図面は受注者が作成し、発注者の承認を受けるという構成となっており、民間連合約款における監理者は介在しない。また、図面の承認期間、承認図面に従って施工する受注者の義務、承認図面の契約仕様書不適合部分があった場合等、民間連合約款には存在しない規定をおいている。

　承認期間については、受注者から発注者への承認対象図面の提出を役務開始予定日の14日前、発注者のそれに対する承認・不承認の回答を、契約仕様書に別段の定めがある場合を除き、受領から14日以内と明記し、第4条において受注者が提出する工程表に従った「受注者の役務」遂行を可能な限り妨げないことを目的とする。また、第（4）項および第（5）項に

おいて承認図面と契約仕様書の不適合時における措置を明記して書類間の矛盾の発生に備えている。

なお、民間連合約款第8条に規定されている保証人にかかわる条項については、プラント建設工事においては、それほど一般的に用いられていないことから、必要な場合は、別途関係者間での保証契約の締結による対応を想定し、本モデルフォームでは規定していない。

第9条　責任者
（1）発注者および受注者は、それぞれ、本契約締結後ただちに、本契約の履行に関する責任者（以下「責任者」という。）を定め、書面をもって相手方に通知する。
（2）発注者および受注者間に別段の合意ある場合を除き、発注者および受注者それぞれの責任者は、本契約に基づく一切の権限を行使することができる。第10条（2）に定める受注者の通知後は、受注者の責任者のほか、受注者の現場代理人も、同条（3）および（4）により定められる権限を行使することができる。
（3）発注者および受注者は、本契約に基づいて自らが行う一切の指示、承認、請求、通知等を、相手方または相手方の責任者に対して行う。ただし、発注者は、第10条（2）に定める受注者の通知後は、受注者の現場代理人に対しても、同条（3）および（4）に定められるその権限の範囲内の事項に関しては、これらを行うことができる。

改正点
　第（2）項では、受注者の現場代理人が行使することのできる権限を定める条項として、第10条第（4）項を追加した。
　第（3）項では、発注者および受注者が本契約に基づいて行う請求、通知等に加え、解説には従前から記載されていた指示、承認についても条項に追記した。また、発注者が現場代理人に対して行うことができる権限を定める条項として、第10条第（4）項を追記した。

解説
　複雑なプラント建設工事においては、受注者が役務を遂行するに際しては、発注者および受注者間における協議事由の発生、契約仕様書や図面の変更、図面の承認等多くの局面で発注者による指示に従って遂行する必要が生じる。また、受注者側からの各種通知や請求も発注者宛てに多数発信される。これらのことから、受領権限や指示権限があるか否かの論争、受領したか否かの事実についての論争等が生じるリスクがあると考えられる。このようなリスクを回避するためにも、本契約に基づく一切の権限を有する発注者および受注者の責任者を定めるものとし、本契約に基づく両者間の指示、承認、請求、通知等は各々選定された責任者の間で行われることとしている。

　なお、発注者は受注者より現場代理人が通知された後は、受注者の責任者のほか、この現場

代理人に対しても指示、承認、請求、通知等を行うことができる。もっとも、現場代理人の権限は第10条第（3）項および第（4）項により制限されているため、発注者が受注者の現場代理人に対して行うことができる指示、承認、請求、通知等は、その権限の範囲内に限られる。

第10条　現場代理人、監理技術者など

（1）受注者は、建設工事に着手するまでに、工事現場における施工の技術上の管理をつかさどる監理技術者または主任技術者を定め、書面をもってその氏名を発注者に通知する。また、専門技術者（建設業法第26条の2に規定する技術者をいう。以下同じ。）を定める場合、書面をもってその氏名を発注者に通知する。

（2）受注者は、現場代理人を定めたときは、書面をもってその氏名を発注者に通知する。

（3）現場代理人は、本契約の履行に関し、工事現場の運営、取締りを行うほか、次の各号に定める権限を除き、本契約に基づく受注者の一切の権限を行使することができる。

　a．建築士法で定める有資格者により遂行されるべき設計業務および工事監理業務に関する権限

　b．契約金額の変更

　c．完成期日の変更

　d．契約金額の請求または受領

　e．第6条における承諾

　f．第26条における受注者の同意

　g．受注者の役務の中止・本契約の解除および損害賠償の請求

（4）受注者は、本条（3）の規定にかかわらず、自己の有する権限のうち現場代理人に委任せず自ら行使しようとするものがあるときは、あらかじめ、当該権限の内容を発注者に書面をもって通知しなければならない。

（5）現場代理人、主任技術者（または監理技術者）および専門技術者は、これを兼ねることができる。

改正点

現場代理人に対して広範囲の権限を与えているものの、第6条に定める契約上の権利、義務などの譲渡や承継に関する承諾については、第9条に定める責任者を通じて行われるべきであり、この点を追加した。

解説

一般の建設工事における設計業務は、建築士法上の資格制限を受ける建築物を設計業務の対象としているのに対して、プラント建設工事における設計業務は、その制限を受けない機械装

置の集合体を設計業務の主な対象としている。

しかしながら、時としてプラント建設工事における設計業務の範囲に、付属建物のような建築士法上の資格制限を受ける建築物の設計が含まれることがある。かかる建築物の設計業務については、建築士法に規定されている建築士により、同法上の狭義の工事監理業務については、同法に規定されている工事監理を行うものにより、それぞれ遂行される必要がある。現場代理人は、同法上の有資格者であるとは限らないことから、本モデルフォームにおいては、本条第（3）項第 a 号にて、現場代理人はこれらの業務に関する権限を行使できないものと規定している。ただし、現場代理人がここにいう建築士を兼ねる場合にはこの権限を行使できると解される。

また、プラント建設工事において、発注者が試運転準備の完了前にプラントの一部を部分使用することは、通常の完成、引渡しのスケジュールに大きく影響する重要な事項であるため、部分使用に対する同意は、受注者の責任者の同意を必要とするものとし、本モデルフォームでは、本条第（3）項第 f 号にて、現場代理人の権限から除いている。

なお、現場代理人に関しては、建設業法第19条の2に規定があり、また民間連合約款や公共工事標準請負契約約款にも規定があるため、公共工事や建物の工事に関する契約においては、現場代理人が設置されるのが一般的であるが、民間企業発注のプラント建設工事契約においては、現場代理人の呼称については、実務上、サイト・マネージャーやコンストラクション・マネージャーという表現が用いられることも多い。

ちなみに、民間連合約款では、第10条に現場代理人、監理技術者などに関する規定がある。

第11条　履行報告
　受注者は、受注者の役務の履行報告につき、契約仕様書に定めがあるときは、その定めに従い発注者に報告しなければならない。

改正点
改正はない。

解説
本モデルフォームは、定額請負契約（ランプサム）方式を前提にしており、基本的には、受注者は、完成期日までに試運転準備の完了を達成すれば、契約締結から完成期日までの期間において、どのような進捗で業務を遂行するかについて裁量権を持つものと考える。しかし、受注者の適正な履行を確保する上で、発注者が受注者の役務の履行状況を、適宜把握しておくことは、円滑な受注者の役務の遂行のためにも有益であると考えられる。従って、本条では、受注者が発注者に報告する内容とタイミングを契約仕様書において定め、それに基づき報告がなされることとしている。

なお、本条は、民間連合約款第11条と同趣旨である。

第12条　工事下請業者、機材製造業者

　受注者は、工事を遂行する下請業者および機材製造業者を、自らの判断と責任で選定することができる。ただし、契約仕様書で、特定の下請業者または機材製造業者が指定されている場合において、受注者が当該下請業者または機材製造業者を変更しようとするときは、受注者はその変更につき発注者の承認を受けなければならない。なお、当該下請業者または機材製造業者について、複数の候補者リストが契約仕様書に定められているときは、受注者が当該候補者リストの中から選定する限り、当該承認は不要とする。

改正点

　実務において、引き合いの時点で発注者が特定の工事下請業者や機材製造業者の選定を受注者に求めるときは、本契約の締結前に発注者と受注者が協議し、当該協議の過程で、①工事下請業者や機材製造業者が指定されたり、②工事下請業者や機材製造業者から取得した見積金額が本契約の金額に反映されたりすることが多い。今回の改正は、当該実務の内容を反映した。

解説

　本モデルフォームでは監理者の設置を前提にしておらず、受注者が設計から施工まで全責任を負うことを基本としているため、工事下請業者や機材製造業者は原則として受注者の裁量で決めることができる。

　しかし、プラントにおいては、特定の主要な機器や工事の施工が、プラントの性能に大きく影響することがあるので、発注者が、それら工事の施工能力・実績あるいは機器の使用・品質の観点から、あらかじめ下請業者や機材製造業者を指定する場合がある。本条では、本契約締結後に受注者が当該下請業者・機材製造業者の変更を求める際の取り決めを定めることとしている。

　なお、契約によっては、発注者が指定する下請業者や機材製造業者が「候補者リスト」として受注者に提示されることがあるので、受注者が当該候補者リストの中から選択する限りは発注者の承認を不要としている。

第13条　材料・機器の検査・試験

（1）受注者は、契約仕様書において検査を受けて使用すべきものと指定されている材料・機器については、当該検査に合格したものを用いるものとし、契約仕様書において試験することを定めたものについては、当該試験に合格したものを使用する。

（2）本条（1）の検査または試験の費用は、受注者の負担とする。ただし、契約仕様書

に定めのない検査または試験が必要と認められる場合に、これを行うときは、当該検査または試験に関連して生じる費用は、受注者の責めに帰すべき場合を除き、発注者の負担とする。

（3）工事用地への搬入後に行われた検査または試験に合格しなかった材料・機器は、受注者の責任においてこれを工事用地から引き取る。

（4）材料・機器の品質については、契約仕様書に定めるところによる。契約仕様書にその品質が明示されていないものがあるときは、中等の品質のものとする。

（5）第3項の場合を除き、受注者は、工事用地に搬入した材料・機器を工事用地外に持ち出すときは、発注者の承認を受ける。

改正点

不合格品の引き取りは、工事用地搬入後に行われた検査・試験に関するものであることを確認的に定めた。

解説

本条において、あらかじめ検査・試験を受けるべき「材料・機器」の範囲を「契約仕様書」に定めることとした。検査・試験の費用負担について、「契約仕様書」に定められた検査・試験は受注者負担、「契約仕様書」に定めのない検査・試験は、受注者の責めに帰すべき場合を除き発注者負担とした。

本モデルフォームでは監理者が存在しないため、検査・試験は発注者（発注者の選任した第三者機関の場合もある）が実施することとなろう。

プラント建設工事においては、工事用機器は受注者の自由裁量に任せられるべきものとの考えに基づき、本条の対象は工事用機器ではなくプラント建設工事においては重要な要素である「材料・機器」とした。なお、「材料・機器」とは、本約款第6条第（2）項に定義された「本プラントを構成する材料や機器」である。

なお、民間連合約款では、工事材料、建築設備の機器、施工用機器について、第13条に規定がある。

第14条　支給品

（1）発注者が受注者に支給または貸与する材料・機器、建設機械、仮設、資材、電力、水等（以下「支給品」という。）の品名、数量、品質、規格、性能、引渡し場所および引渡し時期は、契約仕様書に定めるところによる。

（2）発注者は、契約仕様書に定めるところにより引渡し前に支給品を検査のうえ、引渡し場所において受注者に引き渡す。

（3）受注者は、支給品の引渡しを受けたときは、速やかに、支給品の品名、数量、規格

等（性能および品質を除く。）について、外観（梱包されている場合は梱包された状態での外観）および添付関連書類が当該支給品に対応するものであるか否かを確認のうえ、発注者に受領書を提出する。ただし、受注者は、当該確認の結果、支給品のうち契約仕様書の定めと異なるもの、または使用することが適当でないと認めたものがあるときは、その旨を遅滞なく書面をもって発注者に通知する。

（4）発注者は、本条（3）の通知を受けた場合、速やかに当該支給品を修補し、または取替えなければならない。

（5）本条（1）の定めにかかわらず、発注者は、受注者が必要と認めるときは、受注者と協議のうえ、支給品の品名、数量、品質、規格、性能、引渡し場所および引渡し時期を変更する。

（6）受注者は、引渡しを受けた支給品につき、善良なる管理者の注意をもって保管し、使用する。

（7）受注者は、発注者から支給を受けた支給品のうち不要となったもの（残材を含む。いずれも有償支給品を除く。）および貸与された支給品につき、別途定められた時期および方法に従って発注者に返還するものとし、その定めのない場合は本プラントの引渡し後遅滞なく工事用地内において発注者に返還するものとする。

（8）受注者は、支給品の引渡しを受けた後、当該支給品につき不具合が明らかになったとき、またはこれを使用することが適当でないと判断したときは、ただちに書面をもってその旨を発注者に通知し、この通知を受けた発注者は、本条（3）における受注者の受領書の提出、支給品の確認または通知の有無にかかわらず、速やかに当該支給品を修補または取替えるほか、当該支給品が既に施工済みの場合、当該修補または取替え等に要する一切の費用を負担する。

【改正点】

字句の修正のみである。

【解説】

　本条では、支給品の品名、数量、品質、規格、性能、引渡し場所および引渡し時期を「契約仕様書」に定めることとした。発注者は、引渡し前に契約仕様書に従い自らの責任で支給品の検査を実施し、受注者は、引渡し時に支給品の品名、数量、規格等（性能と品質を除く。）と外観・添付関連書類との照合を行う。引渡し後明らかになった不具合については、本条第（8）項および本約款第27条第（8）項に規定されているとおり、受注者はその責任を負わないことを明確に規定している。

　また、支給品について、引渡し時に契約仕様書の定めと異なる場合、引渡し後に不具合が明らかになった場合、その他使用することが適当でない場合の受注者の通知義務と発注者の修補・取替え義務等を明確に規定している。

第（5）項では、支給品についての受注者の変更請求権を規定している。

なお、民間連合約款では、支給材料、貸与品について、第14条に規定がある。

第15条　発注者の立会い

（1）契約仕様書において、機器の出荷に先立ち、当該機器の検査に発注者が立会いすることができる旨定められている場合、受注者は、発注者に対し、受注者が予定する検査日の相当期間前までに、立会いの受け入れが可能である旨の通知を行う。

（2）契約仕様書において、特定の工事の実施または検査に発注者が立会いすることができる旨定められている場合、受注者は、発注者に対し、受注者が予定する当該工事の実施日または受注者が予定する検査日の相当期間前までに、立会いの受け入れが可能である旨の通知を行う。

（3）本条（1）または（2）に基づく受注者から発注者への通知にもかかわらず、予定検査日または予定実施日に発注者が立会いを実施しなかった場合には、別途仕様書に記載のない限り、受注者は、発注者の立会いなく、当該機器を検査した後に出荷し、または当該工事を実施もしくは検査することができる。この場合、受注者は、実施または検査の記録を整備して、後日発注者に提出する。

改正点

　プラント建設工事に用いる構成機器については、製作工場以外から出荷される事例も見られることから文言を修正した。

解説

　本モデルフォームでは監理者が存在しないため、本条で立会いをするのは発注者（またはその代理人）である。

　第（1）項において、本約款では工事に対する立会いのみではなく、機器の出荷時の立会いについても規定した。プラント建設工事においては主要構成機器がプラント性能の達成に重大な影響を与えるため、各機器の単体としての性能確認が必要な場合が多い。それら機器を出荷時に検査するのは、これらが出荷されてしまってからでは、本プラント全体が完成し、その性能保証運転を行うまで確認できない場合が多いという事情による。

　また、立会い検査の実施日について受注者より発注者へ実施日または検査日の「相当期間前」までに立会いの受け入れが可能である旨の通知を行うこととし、立会いの通知時期について「相当期間前」という表現でより明確に事前の通知を受注者に義務づけた。これは相当期間を経なければ、発注者が立会いに対応する準備もしくは立会いを実施するか否かの検討ができないためである。

　第（2）項では、地中工事やホールドポイントなどがある場合を想定し、業務遂行中であっ

ても、特定の工事に対する立会いを規定している。

　第（3）項において、通知にもかかわらず発注者が立会いを実施しなかった場合は「受注者は、発注者の立会いなく、当該機器を検査した後に工事用地へ出荷し、または当該工事を実施もしくは検査することができる」としている。プラント建設工事における円滑な業務の実施を考えた場合、立会い項目が多数にわたるため、すべての立会い項目について発注者の指示を得てから実施することは実際的でなく、また、指示を待っている間に工事に遅れが生じるのを避ける必要がある。そこで、受注者による実施または検査の記録を後日発注者へ提出することを前提として、発注者からの指示を待たずに検査もしくは工事を実施できることとしたものである。

　なお、民間連合約款では、監理者の立会いについて、第15条に規定がある。

第16条　発注者の提供する図面、仕様書

（1）発注者は、本契約に基づいて発注者が提供する図面、仕様書（契約仕様書中の図面、仕様書で発注者が提供したものを含む。以下「発注者の図面・仕様書」という。）の内容が正確であることを保証する。

（2）受注者は、発注者の図面・仕様書の内容に疑義を生じたとき、または誤謬、脱漏等を発見したときは、ただちに書面をもって発注者に通知する。

（3）発注者は、本条（2）の通知を受けたとき、ただちに調査を行い、書面をもって受注者に対して適切な指示を与える。発注者自ら本条（2）の疑義を生じ、または発見したときも同様とする。

（4）工事用地の状態、地質、湧水、施工上の制約などについて発注者の図面・仕様書に示された施工条件が実際と相違するとき、または、工事用地の地下条件などについて土壌汚染、地中障害物、埋蔵文化財、その他予期することのできない状態が発見されたときは、その対応について発注者および受注者間で協議する。

（5）本条（3）の指示または（4）の協議によって、必要があると認められるときは、発注者または受注者は、相手方に対し、受注者の役務の内容、完成期日または契約金額の変更を請求することができる。

【改正点】

　字句の修正のみである。

【解説】

　第（1）項にて、国内のプラント建設工事においては、発注者から、既設プラントとの繋ぎこみ条件や土質条件など、工事用地についての詳細な情報が提供されることが一般的であり、またプラントの基本設計情報やプロセス情報などのプラントの性能達成に必要な技術情報も発

注者から提供されることが多いため、それら情報の内容が正確であることについて発注者が保証することを明確にしている。

　第（2）項および第（3）項では、発注者が提供する図面・仕様書の内容に疑義を生じたとき、または誤謬、脱漏等を発見したときの対応方法が定められている。

　第（4）項に規定の「工事用地の状態、地質...　予期することのできない状態が発見されたとき」については、その対応につきまず両者で協議することとしている。本モデルフォームは受注者の設計・施工一貫を前提としており、予期することのできない状態が発見されたときに、発注者の一方的な変更指示だけでは最良の解決ができず、受注者が設計変更に関与する必要があることを考慮している。

　なお、本モデルフォームでは監理者が存在しないため、第（3）項では通知先を発注者とすること、第（4）項にて発注者と受注者間で協議を行うこととした。

　第（5）項にて、必要があると認められるときは、役務の内容、完成期日または契約金額の変更につき、お互いが請求することができる旨を明記している。

　なお、民間連合約款では、設計の疑義、施工条件の疑義、相違などについて、第16条に規定がある。

第17条　承認図面または契約仕様書のとおりに実施されていない受注者の役務
（1）受注者の役務について、承認図面または契約仕様書のとおりに実施されていない部分があると試運転準備の完了前に認められる場合、受注者は、発注者の指示によって、または自ら、受注者の費用負担にて速やかにこれを修補または取替えを行う。この場合、受注者は、完成期日の延長を請求することはできない。
（2）施工について、試運転準備の完了前に、承認図面または契約仕様書のとおりに実施されていないと認められる相当の理由がある場合、発注者は、その理由を受注者に通知のうえ、合理的に必要な範囲で、既に実施した施工の状態を変更してその部分を検査することができる。
（3）本条（2）による検査の結果、承認図面または契約仕様書のとおりに実施されていないと認められる場合は、その変更、検査およびその復旧に要する費用は受注者の負担とする。
（4）本条（2）による検査の結果、承認図面または契約仕様書のとおりに実施されていると認められる場合は、その変更、検査およびその復旧に要する費用は発注者の負担とする。この場合において、受注者は、発注者に対し、必要と認められる完成期日の延長を請求することができる。
（5）本条（1）、（2）および（3）の規定にかかわらず、承認図面または契約仕様書のとおりに実施されていない受注者の役務が次の各号の一によって生じたと認められる場合は、受注者は、その責任を負わない。

　　a．発注者の指示（発注者の図面・仕様書を含む。）によるとき。

　　b．支給品の性質、不具合など支給品によるとき。

　　c．発注者が指定した材料・機器によるとき。

　　d．その他発注者の責めに帰すべき事由によるとき。

（6）本条（5）のときであっても、受注者の故意または重大な過失によるとき、または受注者がその適当でないことを知りながらあらかじめ発注者に通知しなかったときは、受注者は、その責任を免れない。ただし、受注者がその適当でないことを通知したにもかかわらず、発注者が相当な期間内に適切な指示をしなかったとき、または、適切な措置をとらなかったときはこの限りではない。

改正点

　支給品に関しては、第14条第（8）項に基づき、発注者が受注者への引渡し前に適切な措置をとるべき場合も想定されるため、文言を追加した。

解説

　本条は、承認図面・契約仕様書のとおりに実施されていないと認められる受注者の役務にかかわる受注者の義務等について定めたもので、特にプラント建設工事の固有の事情はないと考えられる。第（1）項は、「承認図面・契約仕様書のとおりに実施されていないと認められる部分があると試運転準備の完了前に認められる場合」、つまり実施されていないと認められる部分があることが明白な場合の規定であり、第（2）項は、「承認図面・契約仕様書のとおりに実施されていないと認められる相当の理由がある場合」、つまり実施されていないと認められる部分があることが明白でない場合の規定である。

　なお、第（2）項において、破壊検査は、プラント建設工事においては一般的ではないため、本約款では「既に実施した施工の状態を変更してその部分を検査する」という表現にしている。

　第（5）項第c号では、本モデルフォームでは監理者による検査または試験を想定していないことから、本規定を「発注者が指定した材料・機器によるとき」としている。

　本条は、民間連合約款第17条とほぼ同趣旨の内容となっている。ただし、本モデルフォームでは受注者の役務の内容に設計が含まれるため、民間連合約款第17条第（7）項の規定を削除している。

第18条　損害の防止

　受注者は、本プラントの引渡しまで、本プラントの出来形部分、材料・機器、近接する工作物または第三者に対する損害の防止に必要な措置をとる。かかる措置は、契約仕様書と関係法令に従い、かつ、建設工事と周辺環境に相応したものとする。

（2）本プラントに近接する工作物の保護またはこれに関連する措置で、発注者および受注者が協議して、本条（1）の措置の範囲を超える費用は発注者の負担とする。

（3）受注者は、災害防止などのため特に必要と認めたときは、あらかじめ発注者の意見を求めて臨機の措置をとる。ただし、急を要するときは、措置をとったのち発注者に通知する。

（4）発注者が必要と認めて臨機の措置を求めたときは、受注者は、ただちにこれに応ずる。

（5）本条（3）または（4）の措置に要した費用の負担については、発注者および受注者が協議して、契約金額に含むことが適当でないと認めたものの費用は発注者の負担とする。

改正点

損害の防止措置にかかる費用負担の考え方を明確にするため、第（2）項を新設した。あわせて、災害防止のための臨機の措置に関する規定を第（3）項から第（5）項に新設した。

解説

本条は、公平かつ明確なリスク分担を規定することで、トラブルをできる限り回避するという方針により、損害防止のための必要な処置は受注者負担が原則であることを明確にしたものである。また、本モデルフォームは設計・施工一貫を前提としているため、受注者が設計段階から損害の防止を考慮した工事方法を選択することが可能であることも、その原則を採用した理由のひとつである。契約仕様書に別段の定めがある場合を除いて、受注者の独自の判断でその処置を決定することができることとしている。

第（1）項および第（2）項について、近接する工作物は、プラント建設工事においては、発注者の敷地内にある発注者の工作物であることがほとんどである。また、必要な損害防止措置は、契約締結時に予見可能な範囲で受注者の責任と費用において行うことになる。

一方、契約締結時に予見不可能な事情により、大掛かりな処置が必要となった場合、その費用までは契約金額に見込んでないのが一般的である。このような場合、通常行うべき措置の内容、契約仕様書に記載された事項、必要となった措置にかかる費用の額などに基づき発注者と受注者が協議を行い、第（1）項の措置の範囲を超え受注者の負担とすることが適当でないと認めた場合、発注者がその費用を負担することになる。

第（3）項から第（5）項について、自然災害や突発的な事故が発生した場合、受注者は、災害防止などのため臨機の措置を取る必要が生じる。この場合、発注者としても利害にかかわることがあるため、受注者はあらかじめ発注者の意見を聞かなければならない。ただし、急を要する場合、受注者は自己の判断で措置を行うことができるが、その後、発注者に通知しなければならない。一方、発注者も、必要と認める場合あるいは受注者がそれに気付いていないと判断した場合は、受注者に対して臨機の措置を求めることができ、受注者はただちにこれに応

じなければならない。また、それらの措置に要した費用の負担については、本条第（2）項と同様となる。

　本条は、民間連合約款第18条と同趣旨である。

第19条　第三者損害

（1）受注者は、受注者の役務の履行において第三者に損害を及ぼしたときは、その損害を賠償する。ただし、その損害のうち受注者が善良な管理者としての注意を払っても避けることができない騒音、振動その他の本プラントの特質による事由、または発注者の責めに帰すべき事由により生じたものについては、発注者の負担とする。

（2）本条（1）の場合、その他受注者の役務の履行について第三者との間に紛争が生じたときは、受注者がその処理解決にあたる。ただし、受注者が要請する場合は、発注者は、受注者に協力する。

（3）本条（1）または本条（2）にかかわらず、本プラントに基づく日照阻害、風害、電波障害その他発注者の責めに帰すべき事由により、第三者との間に紛争が生じたとき、または損害を第三者に与えたときは、発注者がその処理解決にあたり、必要あるときは、受注者は、発注者に協力する。この場合、第三者に与えた損害を補償するときは、発注者がこれを負担する。

（4）本条（1）ただし書き、本条（2）（ただし、受注者の責めに帰すことのできない事由による場合に限る）、または本条（3）の場合において、完成期日の延長が必要となったときは、受注者は、発注者に対して、必要と認められる完成期日の延長を請求することができる。

改正点

　第（1）項ただし書きの「本プラントの特質」の内容をより明確化すべく、一部文言を修正した。また、本プラントに基づく事由等に係る紛争・損害について規定する第（3）項を新設した。

解説

　本条では、第三者に損害を及ぼした場合の負担者、第三者との間で紛争が生じた場合の処理解決者等について規定している。

　第（1）項では、受注者の役務、すなわち、設計や機材調達、建設工事を受注者が実施するに際して、第三者に損害を及ぼした場合の負担者について規定している。設計や機材調達、建設工事を受注者が実施するに際して、第三者に損害を及ぼした場合は、原則として、受注者がその損害を負担する。本モデルフォームでは、受注者の役務は設計・施工一貫を前提としており、受注者が設計段階からこれらの問題を考慮した工事方法を選択することも可能であること

を考慮したものである。一方で、騒音、振動などのプラントの特質による事由については、受注者が注意義務を尽くしても防ぐことができない場合がある。このため、「受注者が善良な管理者としての注意を払っても避けることができない騒音、振動その他の本プラントの特質による事由により生じたもの」については、例外的に発注者負担としている。

第（2）項では、受注者による設計や機材調達、建設工事の履行について、第三者との間で紛争が生じた場合の処理解決者について規定している。この場合、受注者がその処理解決にあたるものとされているが、発注者の協力についても規定している。

第（3）項は、本プラントに基づく日照阻害、風害、電波障害等により生じた紛争の処理解決者と、第三者に損害を及ぼした場合の負担者を規定している。この場合、発注者が損害を負担するとともに、紛争の処理解決にあたるものとしている。また、紛争の処理解決における、受注者の協力についても規定している。

第20条　本プラント等に生じた損害

（1）本プラントの引渡しまたは第25条（1）に定める部分引渡しまでに、本プラントの出来形部分、材料・機器、その他受注者の役務一般について生じた損害は、受注者の負担とし、完成期日は延長しない。ただし、本契約に別段の定めがある場合にはその定めによることとし、また、発注者の責めに帰すべき事由により生じた損害については、発注者がこれを負担し、受注者は必要と認められる完成期日の延長を請求することができる。

（2）火災・爆発等の危険によって、第22条に基づき受注者の付保する保険で回収できない損害が発注者の所有する工作物に発生した場合には、受注者の故意または重過失による場合を除き、その原因のいかんを問わず、発注者がこれを負担する。

改正点

第（2）項では受注者の役務以外に生じた損害について規定しているため表題を修正するとともに第22条の修正を反映した。

解説

第（1）項は、本プラント、材料・機器、その他受注者の役務一般の損害は、引渡しまで受注者負担であるとの原則を規定する。

第（2）項では、発注者の敷地内の発注者の工作物に対する火災・爆発危険については、原則発注者負担であることを明記した（ただし、受注者の故意・重過失の場合を除く）。これは、プラント建設工事が、錯綜した発注者の既存の設備に隣接する工事現場の中で行われる場合が多く、この場合に、受注者がこれら設備に対する損害のすべてを負担するとすれば、受注者の付保する賠償責任保険等ではカバーすることができないようなリスクを負うことになり、不合

理と考えた。一方、発注者は、所有物について火災保険を付保することにより、リスクをカバーすることが可能である。なお、仮に受注者が第22条に規定する保険を付保しておらず、その結果、仮に付保していたらその保険により回収されるはずだった損害・費用等を発注者が負担することになった場合には、受注者は、第22条の義務違反による損害賠償責任を負うことになる。

本条第（1）項は、民間連合約款第20条とほぼ同趣旨である。

第21条　特別危険による損害
　第20条（1）の規定にかかわらず、戦争・内乱・テロ・暴動・労働争議・原子力危険・放射能汚染・地震・噴火・津波によって、本プラントの出来形部分および工事用地に搬入された材料・機器（支給品を含む。）について生じた損害は、発注者が負担し、受注者は必要と認められる完成期日の延長を請求することができる。ただし、受注者が善良な管理者としての注意を怠ったために増大した損害については、受注者が負担する。

【改正点】

改正はない。

【解説】

本条は、保険の付保が実務上可能かどうかという点からリスクを発注者または受注者に振り分け、保険で回収困難な、戦争・内乱・テロ・暴動・労働争議・原子力危険・放射能汚染・地震・噴火・津波により生じる損害を発注者が負担するという原則を規定している。なお、地震もしくは噴火またはこれらによる津波による損害については特約により極めて限定的な担保は可能ではあるが、特約保険料とてん補範囲の経済的なバランスの観点から、原則発注者負担とするのが実情に即した合理的なリスク配分と判断した。ただし、輸送途中にある材料・機器については、これらが、本プラントをまだ構成しておらず、輸送時期、輸送経路や輸送方法についても受注者が任意に決定できるという点に鑑み、リスクの公平な負担という観点で、これを発注者負担とすることに多少の無理があると考えた。また、海外で調達した物品の海上輸送途中の戦争危険は付保が可能である。

ここで規定する材料・機器には工事用仮設、工事用機器等を含まない。従って、これらについては、本条の適用はなく、第20条の原則に従い、受注者負担となる。工事用仮設、工事用機器は、その選定・使用が受注者の任意であることから、受注者負担とすることが公平なリスク配分と考えた。

第22条　損害保険

　受注者は、遅くとも工事用地にいずれかの材料・機器（支給品を含む。以下本条において同じ。）を搬入するまでに、本プラントの出来形部分と工事用地に搬入された材料・機器、発注者の所有する工作物等について、組立保険、建設工事保険、賠償責任保険その他の保険を、工事等請負契約書第6条（特記事項）に基づき付保する。受注者は、その証券の写しまたは付保証明を発注者に対し、遅滞なく提出する。

改正点

　受注者が付保すべき保険の例示として、賠償責任保険を追記するとともに、保険証券の写しあるいは付保証明を発注者に提出する義務を記載した。

解説

　プラント建設工事においては、本プラントの出来形部分、工事用地に搬入された材料・機器等の損害に対する保険は主に組立保険または建設工事保険となる。本プラントの建設工事にかかわる発注者および受注者それぞれのリスク負担については第19条ないし第21条に規定されている。

　また、第19条において受注者の役務の履行において第三者が被った損害については原則受注者負担となっていること、発注者の所有する工作物に発生した損害についても、受注者に責任があれば、第20条第2項の場合を除いて原則受注者負担となることから、賠償責任保険は受注者が付保するのが合理的であり、今回の改訂において、賠償責任保険を追記した。具体的な保険条件（保険金額、付保期間等）については、工事等請負契約書の第6条（特記事項）に詳細を記載する。

　なお、民間連合約款では、損害保険について第22条に規定がある。

第23条　試運転準備の完了、検査、引渡し
（1）受注者は、試運転準備が完了したと判断したとき、発注者に検査を求める。
（2）発注者は、本条（1）の受注者の求めがある場合、契約仕様書に定める方法および期間内（期間の定めがない場合には受注者の請求から14日以内）に、受注者の立会いのもとに検査を行い、その結果を受注者に書面をもって通知する。
（3）本条（2）の検査に合格したとき、本条（1）により受注者が当該検査を求めた日をもって試運転準備が完了したものとする。
（4）本条（2）に定める期間内に発注者が検査の結果を受注者に通知しないときは、検査に合格したものとみなす。
（5）本条（2）の検査に合格しない場合には、発注者はその理由を明示して受注者に通知するものとする。

（6）本条（5）の通知があった場合、受注者は、その理由とされた箇所の修補または取替えを行い、本条（1）に従い、発注者の再検査を求める。ただし、修補または取替えに過分の費用を要する場合、または完成期日までに修補または取替えを行うことができないと受注者が判断するときは、発注者および受注者間の協議により措置を決定する。

（7）本条（6）の規定にかかわらず、検査に合格しなかった原因が、受注者の責めに帰すべき事由によらないときは、その修補または取替えに要する費用および損害は、発注者の負担とする。この場合において、受注者は、発注者に対し、必要と認められる完成期日の延長を請求することができる。

（8A）本条に基づく検査に合格したとき、発注者は、ただちに本プラントの引渡しを受ける。

　注）受注者が第24B条に定める本プラントの性能保証を行う場合は上記第（8A）項の替わりに次の第（8B）項の規定を適用する。

（8B）本条に基づく検査に合格した後、次の各号の一にあたるとき、発注者は、ただちに本プラントの引渡しを受ける。

　　ａ．第24B条に定める性能保証運転において、契約仕様書に引渡し条件として定められた本プラントの性能に関する保証値（以下「保証値」という。）を満たすことが発注者により確認されたとき。

　　ｂ．第24B条に定める性能保証運転において満たされない保証値（性能保証運転が行われないために確認できないものを含む。）について、第24B条（2）ただし書きに基づいて受注者が予定損害賠償金を発注者に支払ったとき、または第24B条（4）に該当するとき。

（9）受注者は、試運転準備の完了時に残っている塗装、保温、保冷、舗装、清掃などの残工事を、試運転開始後に、速やかに完了する。

改正点

　発注者が、ただちに本プラントの引渡しを受ける条件として、従前、性能保証運転において契約仕様書に定められた本プラントの性能に関する保証値の「すべて」を満たすことが発注者によって確認されたとき（あるいは契約仕様書に定められた本プラントの性能に関する保証値の「すべて」について、受注者が予定損害賠償金を発注者に支払ったとき）と規定されていたが、引渡し条件に関係しない諸々の保証値についても記載されることがあるという実務を勘案し、「すべて」という表現を削除し、「引渡し条件として」という文言を追記した。

解説

　本条は、試運転準備の完了から本プラントの引渡しに至るまでの手続きにつき定めたものである。

　本モデルフォームでは、受注者が本プラントの性能保証を行わない場合と行う場合の2つの

ケースを想定し、本プラントの引渡し時期について、本条でそれぞれのケース（8Aおよび8B）を設定している。

また、「引渡し」に相当するものとして「検収」という用語を使用することも多いが、本モデルフォームでは採用していない。この用語は、支払いの起算点を意味する時や発注者の検査行為自体を意味する時にも使用され、定義が曖昧であることから、誤解を避けるためである。

「工事等請負契約書」の第5条の解説にあるとおり、プラントが完成に至るまでには、「機械的完成」から「試運転準備の完了」、さらに「性能保証の達成（試運転の完了）」というステップを踏むのが通例である。本プラントの引渡し時期について、本モデルフォームでは「試運転準備の完了（8A）」あるいは「性能保証の達成（8B）」としたが、個別の案件においては性能保証責任の有無にかかわらず「機械的完成」とする例も多い。いずれにしても、それぞれのステップに必要な条件、検査項目（プラント設備に必要とされる、消防法や高圧ガス保安法に基づく所轄官公庁等の検査を含む）、発注者・受注者それぞれの作業項目等は契約仕様書において詳細に定義しておくことが必要である。

第（1）項により、受注者は試運転準備が完了したと判断したときに、発注者に検査を求める。「機械的完成」の確認から「試運転準備の完了」までは、要求される種々の検査や作業が順次実行されていくので、試運転準備の完了時点での発注者の検査は、それまでの要求事項がすべて完了していることの形式的な最終確認となるケースが多いと考えられる。

第（2）項から第（5）項では、発注者の検査方法および時期ならびに検査結果の通知期間については、あらかじめ契約仕様書で定めることを想定している。この検査の期間が定められていない場合の措置として、発注者は、検査の結果を受注者の請求から14日以内に通知しなければならないこととしている。「試運転準備の完了」は検査に合格した日ではなく、受注者が検査を求めた日に遡ることとしている。

第（6）項は、検査に不合格の場合、その理由となった部分の受注者の修補義務と修補後の再検査を定めたもので、本条第（1）項からの手続が繰り返される。修補に過分の費用を要する場合または完成期日までに修補することができない場合を想定し、その措置は、発注者および受注者間の協議により決定されることとしている。

第（7）項は、検査の不合格が受注者の責めによらない場合の修補費用および損害の負担者を発注者とすることに加え、完成期日への影響を考慮し、受注者は、発注者に対して完成期日の延長を請求することができることとしている。

第（8A）項は、性能保証を行わない時の引渡し時期について定めたものであり、検査の合格により、発注者が本プラントの引渡しを受ける。

第（8B）項は、受注者の提供する設計に基本設計を含むような場合には、プラントの能力を保証する受注者の性能保証も必要とされる場合があるが、このケースをカバーする条項であり、必要な場合に適用可能とするオプションとして用意されたプラント建設工事契約に特有の条項である。

性能保証が受注者に要求される場合、プラントの引渡しは、a. 性能保証運転において第

(8B) 項で定義される保証値の達成確認後、または、b. 未達成のそれら保証値について、第24B条の規定に従い、性能保証未達成による予定損害賠償金を支払うか、あるいは受注者の責めに帰すことのできない事由により、性能保証運転が2ヶ月（*）にわたって行われないか、もしくは2ヶ月（*）を経過しても性能が達成されない場合に行われる。例を示せば、a. のケースは3つの保証値 i、ii、iii のすべてが達成した場合、b. のケースでは、iは達成したが、iiは保証値の98％であったので予定損害賠償金を支払い、iiiについては、発注者の責任で2ヶ月以上性能保証運転ができなかったため保証責任が免除された場合である。

　（上記（*）については、第24B条の【解説】のなお書きを参照のこと。）

　なお、性能保証が受注者に要求される場合であっても、試運転準備の完了時に引渡しが行われ、発注者が試運転を行うケースもあるが、この場合には、第（8A）項を適用したうえで、第24B条を適宜変更する必要がある。

　第（9）項は、残工事について定めたものであり、プラント建設工事では、試運転に支障のない作業として、ここで列挙したような工事を残しつつ試運転が行われることが通常である。残工事は、受注者により試運転開始後速やかに完了されることとなる。

　また、本プラントそのものの所有権の移転時期については、本モデルフォームでは言及していない。建物などの請負契約において、従来の学説や判例では、主要材料を発注者か受注者のどちらが提供したかにより、判断されていたが、最近では個別の案件の事情を考慮し、実情に即したより適切な判断がなされるケースが出て来ている。いずれにせよ、遅くとも引渡しの時点において、所有権が既に移転している、あるいは移転すると考えて良いであろう。

　なお、本条は、民間連合約款第23条および第26条第（1）項の一部と同趣旨であるが、本条（8B）項については、プラント建設工事契約に特有の条項である。

第24A条　発注者による試運転義務
　発注者は、第23条（8A）に基づく引渡しを受けた後、契約仕様書に定めるところにより、遅滞なく本プラントの試運転を行う。受注者は、この試運転に立会うとともに、増締めその他の助勢を行う。

［改正点］
　改正はない。

■解説■
　性能保証が受注者に要求されていない場合は、本条が適用され、要求されている場合は、次の第24B条が適用される。性能保証の有無については、工事等請負契約書の第6条（特記事項）に明記する。本条は、プラント建設工事契約に特有の条項である。
　本条においては、引渡しを受けた後、発注者が試運転を行う義務と受注者が協力する義務が

規定されている。

注）受注者が本プラントの試運転・性能保証を行う場合は上記第24A条の規定の替わりに下記第24B条を適用する。

第24B条　受注者の試運転義務と性能保証

（１）第23条の検査に合格した後、受注者は、契約仕様書に定めるところにより、遅滞なく本プラントの試運転（契約仕様書に定める条件のもとで行われる性能保証運転（以下「性能保証運転」という。）を含む。以下同じ。）を行う。この場合、発注者は、当該試運転に立会うとともに、適切な資格・能力のある運転要員、原料、ユーティリティー、その他試運転に必要な用品および設備を発注者の負担と責任において供給する。

（２）受注者の責めに帰すべき事由により、性能保証運転を行うことができない、または第１回もしくはそれ以降の性能保証運転において保証値のいずれかが満たされない場合、受注者は、本プラントにつき、自ら必要と認める改造、修補または取替え等を行い、再度性能保証運転を行う。ただし、第２回目以降の性能保証運転において保証値のいずれかが満たされない場合であっても、契約仕様書に定める最低限の性能値が満たされている限り、受注者は、第２回目の性能保証運転開始時以降いつでも契約仕様書に定める予定損害賠償金を発注者に支払うことにより、当該保証値が満たされないことに関する一切の責任を免れることができる。

（３）受注者の責めに帰すことのできない事由により、性能保証運転を行うことができない、または第１回もしくはそれ以降の性能保証運転において保証値のいずれかが満たされない場合、発注者は、それぞれ本条（５）に定める期間内に、自ら費用を負担して、必要と認める措置を自ら行いまたは受注者に行わせ、その後受注者に対し性能保証運転を行うことを要求できる。

（４）本条（３）において、本条（５）に定める期間内に、発注者が必要な措置を完了させることができない場合、受注者は当該保証値が満たされないことに関する一切の責任を免れる。

（５）本条（３）および本条（４）における期間とは、受注者の責めに帰すことのできない事由により性能保証運転を行うことができない場合には、その事由がなければ性能保証運転を開始したであろうと合理的に推定される日から２ヶ月間とし、同様の事由により第１回またはそれ以降の性能保証運転において保証値のいずれかが満たされない場合には、当該保証値が満たされないことが判明した日から２ヶ月間とする。ただし、当該期間中に、受注者の責めに帰すべき事由による性能保証運転の遅れがある場合、当該期間は、その遅れに相当する日数分延長されるものとする。

改正点

改正はない。

解説

　性能保証が受注者に要求されている場合には、第24A条の替わりに本条が適用される。プラント建設工事契約に特有の条項である。

　第（1）項では、受注者の試運転義務と発注者の運転要員等提供義務が規定されている。引渡しが行われていない以上、本プラントの管理責任および運転計画の立案と実施の責任は受注者にあり、試運転期間中の運転要員に対する指揮監督権も当然受注者にあると解釈されるが、安全かつ迅速な試運転の実施は、発注者の各種の義務に大きく依存することから、発注者および受注者の共同作業としての意味合いが強い。

　第（2）項においては、受注者の責めに帰すべき事由で性能保証が達成しない場合の受注者の義務を定めた。すなわち、この場合、受注者は本プラントの修補義務を有し、修補後に性能保証運転を繰り返す。ただし、2回目以降の性能保証運転で、最低限の性能（たとえば生産能力については保証値の95％、原料やユーティリティーの消費量であれば保証値の105％等を契約仕様書にて規定）を達成している場合には、予定損害賠償金の支払いにより受注者は性能保証責任を免れる。保証値、最低限の性能値、予定損害賠償金はそれぞれ契約仕様書に規定されることとなっている。

　さらに、第（4）項と第（5）項において、受注者の責めに帰すことのできない事由により、2ヶ月にわたって性能保証運転が行われない場合や性能が達成されない場合も、対象となる保証値について受注者は性能保証責任を免れることが規定されている。当該2ヶ月の期間は、受注者の責めに帰すべき事由により遅れが生じた場合は、その遅れに相当する期間延長される。この規定は、一般的にプラントの性能保証が、試運転開始から2ヶ月程度の期間内に検証されるべきであり、無期限の保証ではないということを前提としている。

　一方、第（3）項と第（5）項において、受注者の責めに帰すことのできない事由で性能保証が達成されない場合は、受注者は発注者の指示に従って2ヶ月間はプラントを修補する義務を負うものの、費用は発注者負担であることが定められている。

　なお、第（5）項、ならびに「本条（5）に定める期間内に」という表現がある第（3）項および第（4）項における「2ヶ月間」という期間は、プラントの種類・規模、プロジェクト固有の内容等さまざまな要因により変わりうるものであり、個別の契約において修正することが必要となる場合がある。

第25条　部分引渡し

（1）発注者が本プラントの全部の引渡しを受ける前にその一部引渡しを受ける場合（以下、この場合の引渡しを「部分引渡し」といい、引渡しを受ける部分を「引渡し部分」という。）、契約仕様書の定めによる。契約仕様書に別段の定めのない場合、発注者は、引渡し部分に相当する契約金額（以下「引渡し部分相当額」という。）の確定に関する受注者との事前協議を経たうえ、受注者の書面による同意を得なければならない。

（2）受注者は、引渡し部分の試運転準備が完了したと判断したとき、発注者に検査を求める。

（3）本条（2）の検査に関する手続きについては、第23条の規定を準用する。

（4A）本条（2）の検査に合格したとき、発注者は、引渡し部分相当額全額の支払いを完了すると同時に、当該引渡し部分の引渡しを受けることができる。

注）受注者が第24B条に定める本プラントの性能保証を行う場合は上記第（4A）項の替わりに次の第（4B）項の規定を適用する。

（4B）本条（2）の検査に合格した後、受注者は、引渡し部分に関し、試運転を行う。この場合、第23条（8B）および第24B条を準用し、発注者は、当該引渡し部分の引渡しを受けるときは、引渡し部分相当額全額の支払いを完了する。

（5）部分引渡しにつき、法令に基づき必要となる手続きがある場合は、当該手続きは発注者が行い、受注者はこれに協力する。また、当該手続きに要する費用は、発注者の負担とする。

改正点

部分引渡しによる建築物・工作物の一部利用にあたっては、法令上の手続きを要する場合があるため、その場合の費用負担等について定めた。

解説

本条は、本約款第23条に定める本プラントの引渡しに先だって、発注者が本プラントの一部の引渡しを受ける場合の手続きなどについて定めたものである。

第（3）項では、検査に関する手続きについては、第23条の規定を準用するとし、規定を簡素化している。

ちなみに、本モデルフォームでは、受注者が本プラントの性能保証まで引き受ける場合も想定しているため、引渡し部分についても性能保証を行わない場合と行う場合の2つのケース（4Aおよび4B）を設定している。

なお、本条は民間連合約款第25条と同趣旨であるが、プラント建設工事においても、建築基準法に基づく仮使用承認検査など、部分引渡しについて必要となる法令に基づく手続きがある場合は、発注者がその手続きを行うとともにその費用を負担する。

第26条　部分使用

（1）本プラント全部の引渡し前に本プラントの一部を発注者が使用する場合（以下「部分使用」という。）、契約仕様書の定めによる。契約仕様書に別段の定めのない場合、発注者は、受注者の書面による同意を得たうえ、受注者の示す条件に従って部分使用を行う。

> （2）本条（1）の部分使用により、必要があると認められるときは、発注者または受注
> 　　者は、相手方に対し、受注者の役務の内容、完成期日および契約金額の変更を請求する
> 　　ことができる。
> （3）部分使用につき、法令に基づき必要となる手続きがある場合は、当該手続きは発注
> 　　者が行い、受注者はこれに協力する。また、当該手続きに要する費用は、発注者の負担
> 　　とする。

改正点

　発注者による部分使用が認められるタイミングを本プラント全部の「引渡し前」とした。部分使用について契約仕様書に別段の定めのない場合に、部分使用に際し、受注者から常に指示があるとは限らないため、受注者から書面による同意を得る際に出された条件に従う旨の規定とした。

　第25条と同様に、部分使用にあたっては、法令上の手続きを要する場合があるため、その場合の費用負担等について定めた。

解説

　本条は、本約款第23条に定める本プラントの引渡しに先だって、発注者が本プラントの一部を使用する場合について定めたものである。国内におけるプラント建設工事においては、部分使用は、あまり一般的ではないが、必要な場合もあると考え、あえて本条項を設けたものである。

　なお、本条は、民間連合約款第24条と同趣旨の規定であり、部分引渡しの規定同様、必要となる法令に基づく手続きに関しては、民間連合約款第24条第（4）項と同趣旨の定めを本条に設けている。

> **第27条　契約不適合**
> （1）受注者は、本プラントについて、種類または品質に関して本契約の内容に適合しな
> 　　いもの（以下「不適合」という。）でないことを保証する。
> （2）本条（1）の定めにかかわらず、受注者は、本プラントによって生産される物の品
> 　　質および量ならびに生産に使用する原料およびユーティリティーなどの消費量について
> 　　は保証しない。ただし、第24B条が適用される場合は、その定めの限度で保証し、当該
> 　　保証については、本条を適用しない。
> （3）本条（1）の保証期間は、本プラントの引渡し後（部分引渡しが行われた場合、当
> 　　該引渡し部分についてはその引渡し後）1年間とする。ただし、本プラントのうち、基
> 　　礎ならびに建屋の躯体については、2年間とする。本項または本条（7）の保証期間
> 　　（以下「本保証期間」という。）の終了後に発見された不適合に関して受注者は責任を負

わない。受注者は発注者から本条（4）に従った請求がなされた場合、本保証期間が終了した後においては当該請求の根拠となる不適合に関し、当該請求および本条（6）に従ってなされる請求以外に何らの責任も負わない。

（4）本保証期間内に、不適合が発見された場合、発注者はただちに書面をもって受注者に通知し、当該通知により、または、当該通知後に別の書面により受注者に対し、当該不適合の修補または取替えによる無償での履行の追完、損害賠償または第31条（2）に基づく契約の解除を請求できる。発注者が相当の期間を定めて書面をもって履行の追完の催告をし、その期間内に履行の追完のない場合は、発注者は不適合の程度に応じた契約金額の減額を求めることができる。受注者が履行を追完する場合、発注者は、受注者が可能な限り速やかに必要な修補または取替えを行うことができるように協力する。

（5）本条（4）にかかわらず、不適合が重要でない場合において、履行の追完に過分の費用を要する場合は受注者は履行の追完を要しない。また、不適合が本契約および取引上の社会通念に照らして受注者の責めに帰すことができない事由による場合、発注者は損害賠償の請求をすることができない。

（6）いかなる場合も、本条（4）の発注者の請求が、本保証期間終了後30日、または当該不適合を発見したときから90日を経過した後に行われた場合、本保証期間内に発見された不適合であっても受注者は当該不適合に関し責任を負わない。ただし、本条（4）に従う履行の追完の請求または催告が本項の期限内になされ、当該履行の追完の不履行に関する損害賠償の請求または契約金額の減額請求がなされる場合に限り、本保証期間の終了後180日以内になされた当該損害賠償請求または契約金額減額請求は本項の期限内になされたものとみなす。

（7）本条（4）の規定により、履行の追完が行われたとき、受注者は、当該部分について、その追完完了の日から、さらに1年間、不適合のないことを保証する。本項による保証期間はいかなる場合も本プラントの引渡し後（部分引渡しが行われた場合、当該引渡し部分についてはその引渡し後）2年間を超えないものとする。ただし、基礎ならびに建屋の躯体については、3年を超えないものする。また、本項の適用により基礎ならびに建屋の躯体について保証期間が引渡し後2年間より短縮されることはない。

（8）本条の定めにかかわらず、不適合が次の各号の一にあたるときは、受注者は、その責任を負わない。
　a．発注者の指示（発注者の図面・仕様書を含む。）によるとき。
　b．支給品の性質、不具合など支給品によるとき。
　c．発注者が指定した材料・機器によるとき。
　d．発注者の不適切な使用に基づくものであるとき。
　e．材料・機器の想定される使用、自然現象などにより通常予想される劣化、磨耗、もしくは消損であるとき、またはこれらに起因するとき。
　f．その他発注者の責めに帰すべき事由によるとき。

　民法の請負人の瑕疵担保責任の規定が、契約不適合に対する請負人責任の規定に変更されたことにより、第27条の文言を見直した。また、本条第（3）項および第（7）項の保証期間が除斥期間であることを示すなど、改正後民法下において必要と思われる修正を行った。さらに従来の約款において不足していた部分も加えた。

解説

　本条は、プラントにおける特有の事情を考慮し、プラント建設工事契約において一般的な瑕疵担保条項に基づく従来の第27条の内容を改正後民法下においても維持することを念頭に置いているが、従来やや規定が簡略であった部分にも手を当てている。

　まず本条の対象となる契約不適合の範囲を、第（1）項において「種類または品質に関して本契約の内容に適合しないもの」と規定し、改正後民法第636条、第637条に対応させている。一方、第（2）項において、「本プラントによって生産される物の品質および量ならびに生産に使用する原料およびユーティリティーなどの消費量」については、本条における保証の範囲でないことを明確にした。何故ならば、プラントにおいては、これらの保証項目は、プラントの性能保証の問題として捉えられており、プラントを構成する個別の機器の設計、材質、施工の種類または品質に関する契約不適合とは、区別して考えられているからである。

　従い、プラント自体の性能を保証しないケースの契約では、上記のようなプラントの性能についての項目は、その保証の範囲から除外する一方、プラントの性能を保証するケース（第24B条が適用となるケース）では、第24B条において規定される範囲で、保証されることとした。

　なお、この第（2）項の規定は、一般的に「種類または品質に関する契約不適合」という語句の意味が非常に広いものとして捉えられる場合（たとえば、生産能力などのプラントの性能についてもその不足が契約不適合とみなされる場合）もあり、誤解を避けるため、また発注者および受注者それぞれの意図を明確にするため、この様な表現の規定にした。

　第（3）項により、本条における保証期間を、プラントの引渡し後、1年間とし、基礎ならびに建屋の躯体については2年間とした。この保証期間は改正前民法下においては除斥期間として理解されるべきものである。改正前民法第637条、第638条においては請負人（本モデルフォームの「受注者」）の瑕疵担保責任の存続期間（契約当事者間の特約で変更可能）が引渡しから一定期間の経過により終了したが、改正後民法637条においては受注者の契約不適合に対する責任の存続期間ではなく、注文者（本モデルフォームの「発注者」）の権利行使の期間制限の規定とされたほか、改正後民法では請負の場合の契約不適合責任の存続期間については何ら特別な規定は設けられておらず、一般的な時効の規定に委ねられている。プラント建設における慣例とも反するし、単に保証期間の定めをするだけでは、本条における保証期間終了後には受注者は種類または品質に関する契約不適合に対し責任を負わないことが改正前民法下同様に本第27条の当然の解釈として導き出されると言えなくなる恐れがある。そこで、第（3）

項または第（7）項の保証期間終了後に発見された種類または品質に関する契約不適合について、受注者は責任を負わない旨を明文で規定し、さらに第（6）項に定める期間内に履行の追完等を請求された不適合に対して、保証期間の終了後は第（6）項の期限までになされた請求事項のうち未了だったものの実施以外一切の責任を負わないことを明文で追加した。

　第（4）項では、種類または品質に関する契約不適合に対する救済措置としての履行の追完は、従来同様修補または取替による（請負にも準用される売買に関する改正後民法第562条の「代替物の引渡」と同趣旨である）ことを明記した。また改正後民法において履行の追完請求（従来の瑕疵の修補）以外に認められる発注者の請求事項が増えたので、改正前民法でも認められていた損害賠償を含め追記した。本第27条が契約不適合に対する民法上の発注者の請求権全てに関する特則となることを明確にしたものである。

　第（5）項には履行の追完請求及び損害賠償請求に対する制限規定を置いた。改正後民法において取引上の社会通念上不能であることの請求はできないとされていること（第412条の2）と損害賠償請求に債務者の帰責性が要求されること（第415条1項但書）の反映である。

　第（6）項において、改正後民法第637条において導入された契約不適合を知ってから履行の追完請求等民法に定める請求が可能な期間の制限に対応した規定を置いた。基本的に年間を通じて連続運転されるプラントにおいては、改正後民法第637条に定める1年もの間、種類または品質に関する不適合を放置されることは予想されないうえ、そのように放置されることで当該不適合から生じる不具合が進行し、修補が難しくまたは不可能となったり、修補や取替に要する費用が著しく高額になったりすることがある。一方、改正後民法第637条第1項の新設により、条文上サイレントであれば不適合の発見後1年以内に通知すれば、第（4）項に定める「ただちに」通知する義務を発注者が怠ったとしても履行の追完を請求できる、または適時に通知さえしてあれば民法の時効期間内はいつでも履行の追完等を請求できると解釈される恐れもあるため、不適合の発見後90日以上経過してから履行の追完等を請求されたもの、および、保証期間中に発見された契約不適合でも保証期間終了後30日以上経過してから同様の請求がされたものに関して受注者は責任を負わないものとした。改正後民法では不適合の通知と履行の追完等の請求は別途行われることも想定されており、上記の期限は請求の行使期限として構成したものである。従来瑕疵を発見後発注者は、直ちに受注者に対して通知する義務を負っており、通知を受けた受注者は、瑕疵部分を修補または取替することと構成されていたから、むしろ当事者間の権利義務関係をはっきりさせたものである。

　なお、履行の追完を行っても不完全であったり、催告しても履行の追完がなされなかったり、履行の追完が不履行となることに関する損害賠償の請求や契約代金の減額請求は当然当初の履行の追完請求より後に行われることから請求期限についての一定の延長を認めるべきものとした。第（6）項における保証期間経過後90日なり180日はプラントにおける実務において十分な期間として設定しているが、案件ごとの実情に応じ変更することも考えられよう。

　第（7）項においては、本条第（3）項または第（7）項の保証期間内に発見された不適合部分に修補または取替えが行われたときは、当該部分について、さらに1年間の保証をするこ

とを規定している。建屋などの場合には、種類または品質に関する不適合に対し修復をもって問題が解決することが多いが、一方、プラント建設工事においては、時として、一度不適合の修補・取替えを行った機械類などに再度不適合が発生する場合もあり、当初の保証期間の残存期間では不十分であるとの発注者側からの指摘が多く、更なる保証期間について、発注者から要求されることが多いことを考慮したものである。この保証期間延長規定は、国内外のプラント建設工事契約においてしばしば盛り込まれている。ただし、一旦保証期間を延長した修補取替部分に、再度不適合が発見される場合には、引渡以降累積した無理な使用や、他の部分の不適合の影響など、その原因が必ずしも当初の不適合が十分に治癒されていなかったためとは言えないケースが増えてくるため、国外のプラント建設工事契約で必ずと言えるほど設定されている保証期間延長に対する引渡しからの絶対的な期限を設けたものである。

　受注者が種類または品質に関する契約不適合に責任を負わない事項については、第（8）項に具体的に規定した。特に、第 d 号および第 e 号に規定の事項は、プラントを運転するうえで、しばしば問題となるものであり、本モデルフォームでは特に明記した。

　本第27条では数量に関する契約不適合に関しては改正後民法第636条にならい、特に規定を置いていない。従って、数量に関する契約不適合の責任に関しては、請負にも準用される売買における契約不適合に対する受注者の責任を定めた改正後民法第562条がそのまま適用される。

　なお、「住宅の品質確保促進法」に関する規定は、多くのプラント建設工事には適用されないため、本モデルフォームでは考慮していない。

　なお、民間連合約款では、契約不適合責任について第27条と第27条の2に規定がある。

第28条　受注者の役務の変更、完成期日の変更

（1）本契約に別段の定めのある場合のほか、発注者は、必要があるときは、受注者に対し、合理的な範囲で、本プラントの仕様、内容、その他の受注者の役務の変更あるいは完成期日の変更を請求することができる。この場合において、受注者の役務の変更により、完成期日に試運転準備が完了できないと認められるときは、受注者は、必要と認められる完成期日の変更を請求することができる。

（2）受注者は、発注者に対して、受注者の役務の内容または完成期日の変更を提案することができる。この場合、発注者の承諾により、これらの変更が行われるものとする。

（3）本契約に別段の定めのある場合のほか、次の各号の一にあたるとき、受注者は、発注者に対し、必要と認められる受注者の役務の内容または完成期日の変更を請求することができる。

　a．発注者の責めに帰すべき事由によるとき。

　b．不可抗力その他受注者の責めに帰すことのできない事由によるとき。

　c．契約締結後の法令・規則の制定、改訂または廃止によるとき。

d．その他正当な事由があるとき。
（4）本条（1）または本条（3）aにより受注者が損害を被ったときは、受注者は、発注
　　者に対し、その補償を求めることができる。

改正点

　　第（3）項第 c 号を変更し、契約締結後に法令・規則が制定、改訂または廃止された場合には、受注者は、発注者に対し、必要と認められる受注者の役務の内容または完成期日の変更を請求できることとした。

　　第（4）項として、民間連合約款第28条第（5）項と同様の規定を追加した。発注者が受注者の役務もしくは完成期日の変更を請求したとき、または発注者の責めに帰すべき事由により受注者が受注者の役務の内容もしくは完成期日の変更を請求するときは、第29条第 b 号に従い契約金額が変更されるが、それでは填補されない損害の補償を発注者に求める内容である。

　　解説

　　発注者側の都合により、受注者の役務の内容、完成期日の変更が必要な場合に、「合理的な範囲で」それらの変更を請求することができるとした。たとえば、発注者は「合理的な範囲で」あれば、完成期日の「短縮」を請求することも可能である。しかしながら、受注者のキャパシティ等の事情により、契約金額の変更や損害の補償をもってしても完成期日の短縮に対応することが困難な場合もある。また、無理な工期設定は、工事の安全や品質に影響を与えるおそれもある。そのため発注者は請求を行う前に、受注者側の事情や工事の安全や品質を維持できる無理のない適正な工期について受注者と協議を行い、当該協議内容を踏まえた短縮期間を設定することにより「合理的な範囲」での請求であることを担保することが期待される。

　　また、受注者側から、技術革新によるプラントの機能や性能の向上、コストダウン、運転・保守性の向上等、発注者にメリットがある受注者の役務の内容の変更を提案するケースをカバーするため、第（2）項は、受注者側から、受注者の役務の内容または完成期日の変更を提案することができるものとしている。この場合は、発注者との協議のうえ、その承諾を得てその変更を行う必要がある。

　　さらに、他の条項において規定されていない事項を補完するため、第（3）項において、受注者が、受注者の役務の内容または完成期日の変更を請求することができる項目が列挙されている。

　　第（3）項第 c 号を「受注者が契約締結時に予期しえなかった法令・規則の制定、改訂または廃止によるとき」から「契約締結後の法令・規則の制定、改訂または廃止によるとき」と変更した。その理由は、契約締結時に予期しえたか予期しえなかったかという基準は曖昧である（例えば、契約締結時に法律改正の国会審議がなされていれば予期しえたと言えるのか、検討会が立ち上げられたにすぎない場合はどうか、等）ことから、契約締結時という明確な時点を

基準にした方が無用の紛争を防げると思われるためである。なお、法律は、法律案の両議院での可決（成立）、公布、施行というプロセスを経るところ、第（3）項第c号との関係では、契約締結時に法律が成立していたか否かを基準とするのが合理的である。また、実務においては発注者の指示や先行契約等により契約締結前に受注者の役務に着手する場合があるが、工事着手後契約締結前に法令・規則の制定、改訂または廃止があった場合の取り扱いについては個々の案件ごとに検討し、本約款と異なる取り扱いとする場合には、先行契約等に明示的に規定するか、本契約において本約款とは別の定めを置く必要がある。

　第28条各項により、受注者の役務の内容または完成期日が変更された場合は、受注者に手待ちに伴う損害、不要となった材料の売却損などの損害が発生する事が考えられる。これらの損害が第29条における契約金額の変更に含まれるかどうかについて無用の紛争を防ぐため、また、民間連合約款と本約款とで異ならせる理由はないと考え、第（4）項でこのような損害の補償を受注者が発注者に請求できることとした。

　本条は、民間連合約款第28条とほぼ同趣旨である。

　第29条　契約金額の変更

　　本契約に別段の定めのある場合のほか、次の各号の一にあたるとき、発注者または受注者は、相手方に対し、必要と認められる契約金額の変更を請求することができる。

　　a．契約締結後の法令や規則の制定、改訂もしくは廃止、経済事情の激変または不可抗力などにより、契約金額が相当でないと認められるとき。

　　b．第28条各項により受注者の役務の内容または完成期日が変更された結果、契約金額が相当でないと認められるとき。

　改正点

　第a号を変更し、契約締結後に法令・規則が制定、改訂または廃止された場合には、受注者は発注者に対し、必要と認められる契約金額の変更を請求することができることとした。

　解説

　第a号の変更の趣旨は、第28条第（3）項第c号の変更の趣旨と同様である。

　本約款においては、契約金額の変更が行われるべきケースについては、できる限り各条項においてその旨規定することとし、それらに含まれないケースについてのみ、本条項でカバーすることとしている。なお、本条における契約金額の変更とは別に、発注者と受注者が相互に損害または費用を負担することを規定する条項が多数ある点は注意を要する。

　なお、本モデルフォームにおいては、契約金額の変更の際に用いる単価についての規定を設けていないが、一般的に、契約金額の変更に適用する単価は、必ずしも契約金額の内訳と一致せず、また項目の種類が大きく異なることから、必要があれば、この単価は契約仕様書に規定

されることを想定している。従って、第4条から発注者に対する契約代金内訳書の提出義務が、本条から契約金額変更の際の単価算定根拠に関する原則が除かれている。前掲の第4条の解説も参照のこと。

　ちなみに、民間連合約款では、第29条に請負代金額の変更についての規定があり、請負代金額の変更事由が網羅的に列挙されている。

第30条　履行遅滞・賠償額の予定・遅延利息

（1）受注者の責めに帰すべき事由により、受注者が完成期日までに試運転準備の完了を達成できないときは、次の各号のとおりとする。

　　a．完成期日後14日以内に完了したときは、受注者は、遅延に対する一切の責任を免れる。

　　b．完成期日後14日間を超えて完了した場合には、発注者は、受注者に対し、かかる14日間を超える遅延日数に応じて、契約金額に対し年10パーセントの割合で計算した額の予定損害賠償金を請求することができる。ただし、予定損害賠償金の合計額は、契約金額の5パーセントを上限とする。また、完成期日前に部分引渡しが行われた場合には、契約金額から引渡し部分相当額を差し引いた残額に基づいて予定損害賠償金および上限の金額を算出する。

（2）受注者は、発注者の請求の有無にかかわらず、本条（1）の予定損害賠償金（上限をもって定められる場合には、当該上限の金額）を支払うことによって、遅延に伴う一切の責任を免れることができる。

（3）受注者が本条（1）に規定する上限の予定損害賠償金を支払った場合においても、受注者は、引き続き、速やかに試運転準備の完了を達成する義務および、試運転準備の完了時に試運転に支障のない残工事がある場合は、当該残工事を完了させる義務を負う。

（4）発注者が本契約における支払の全部または一部を完了しないときは、受注者は、発注者に対し、遅滞日数に応じて、支払遅滞額に対し年10パーセントの割合で計算した額の遅延利息を請求することができる。

（5）発注者が前払いまたは中間払いを遅滞しているときは、本条（4）の規定を適用する。

改正点

　建設業法上、発注者・受注者双方の履行遅滞における損害金を定める必要があり（建設業法第19条第1項第13号）、また、民間連合約款でも同趣旨の規定が設けられていることから、発注者による支払遅滞に関する条項を追加した。

解説

　本条は、以下の点に特徴がある。すなわち、納期の保証の対象が試運転準備の完了であること（「工事等請負契約書」第５条の解説参照）、予定損害賠償金支払いについての猶予期間（いわゆるグレースピリオド）として14日間を定めたこと、遅延についての予定損害賠償金を一日あたり部分引渡しの済んでいる部分の契約金額を差し引いた契約金額全体に対し年10パーセントの割合で計算した額としたこと、さらにその上限を契約金額の５パーセントとしたことである。

　また、本条の意図を明確にするため、発注者の請求の有無にかかわらず、本予定損害賠償金（上限をもって定められる場合には、当該上限の金額）を支払うことによって、受注者が、遅延に伴う一切の責任を免れること、さらに、上限の予定損害賠償金を支払った場合においても、受注者が引き続き、残工事を完了させる義務を負うことを明確に規定した。

　なお、改正後民法では法定利率が変動制になる。この点、受注者の遅延による予定損害賠償金の利率は、金銭債権に生じる法定の利息である法定利率とは性格が大きく異なり、法定利率の変動制に関する議論をそのまま適用する必要はないことから、年10パーセントの利率を変更しないこととした。発注者の支払遅延による遅延利息の利率については後述の通り。

　出来形部分や検査済み設備等に対する契約金額を予定損害賠償金の対象から控除すると規定される例もあるが、生産を目的とするプラントにおいては、プラントが単に機械的に完成しているのみでは、発注者の使用に供することができないため、試運転準備が完了し、部分引渡しが済んでいる部分を控除するのが合理的であると考えた。

　民間連合約款では第30条の２（第（２）項以下）において、発注者による支払遅延に関する規定が定められていることから、新たに、発注者による支払遅延に関する条項を追加し、遅延利息の利率も同約款と同様に、年10パーセントとした。

　また、発注者が、契約の目的物の引渡しと同時に請負代金の支払いを完了しない場合に、受注者はその引渡しを拒むことができると規定する例もあるが、本約款では、この場合には、受注者は同時履行の抗弁権や留置権等、法律に基づいた権利によって保護されることを想定してあえて規定していない。ただ、プラント建設工事契約では中間払いや出来高払いが一般的であり、引渡し時に請負代金全額の支払いが同時履行となっているケースはまれであろう。

第31条　発注者の中止権・解除権

（１）発注者は、必要によって、書面をもって受注者に通知して、受注者の役務を中止しまたは本契約を解除することができる。この場合、発注者は、これによって生じる受注者の損害を賠償する。

（２）次の各号の一にあたるとき、発注者は、書面をもって受注者に通知して、受注者の役務を中止し、または、書面をもって相当の期間を定めて催告してもなお解消されないときは、本契約を解除することができる。ただし、当該事由が（解除にあっては当該期

間を経過した時点において）本契約および取引上の社会通念に照らして軽微であるとき
はこの限りでない。

ａ．受注者が正当な理由なく、本契約の締結後速やかに受注者の役務に着手しないと
き。

ｂ．受注者の役務が、正当な理由なく工程表より著しく遅れ、完成期日後相当期間内
に、受注者が試運転準備の完了を達成する見込がないと認められるとき。

ｃ．受注者が第17条（1）の規定に違反したとき。

ｄ．引き渡された本プラントに不適合（ただし、第27条の規定に従って受注者が責任
を負うものに限る。）が存在し、当該不適合によって本契約の目的を達することがで
きないと認められるとき。

ｅ．本項ａ、ｂ、ｃまたはｄのほか、受注者が本契約に違反し、その違反によって本契
約の目的を達することができないと認められるとき。

（3）次の各号の一にあたるときは、発注者は、書面をもって受注者に通知して、受注者
の役務を中止し、または、何らの催告を要することなく、直ちに本契約を解除すること
ができる。

ａ．受注者が第5条の規定に違反したとき。

ｂ．受注者が建設業の許可を取り消されたとき、またはその許可が効力を失ったとき。

ｃ．受注者が支払いを停止する（資金不足による手形・小切手の不渡りを出すなど）な
どにより、受注者が受注者の役務を続行できないおそれがあると認められるとき。

ｄ．受注者が第32条（4）または（5）の各号の一に規定する理由がないのに本契約
の解除を申し出たとき。

ｅ．受注者が以下の一にあたるとき。

　イ　役員等（受注者が個人である場合にはその者を、受注者が法人である場合にはそ
の役員またはその支店もしくは常時建設工事の請負契約を締結する事務所の代表者
をいう。以下この号において同じ。）が暴力団員による不当な行為の防止等に関す
る法律第2条第6号に規定する暴力団員または同号に規定する暴力団員でなくなっ
た日から5年を経過しないもの（以下この号において「暴力団員等」という。）で
あると認められるとき。

　ロ　暴力団（暴力団員による不当な行為の防止等に関する法律第2条第2号に規定す
る暴力団をいう。以下この号において同じ。）または暴力団員等が経営に実質的に
関与していると認められるとき。

　ハ　役員等が暴力団または暴力団員等と社会的に非難されるべき関係を有していると
認められるとき。

（4）発注者は、書面をもって受注者に通知して、本条（1）、（2）または（3）で中止
された受注者の役務を再開させることができる。

（5）本条（1）により中止された受注者の役務が再開された場合、受注者は、発注者に

> 対して、必要と認められる契約金額の変更および完成期日の延長を請求することができる。
>
> （6）本条（2）または（3）の場合、発注者は受注者に損害の賠償を請求することができる。ただし、（3）ｃに掲げる事由による場合は、この限りでない。

改正点

　解除権行使の際に事前催告を要する場合を第（2）項、催告を要しない場合を第（3）項として、これらが条文上明確となるよう区別し、それに伴う条文の整理を行った。

　また、平成26年建設業法改正（同法第8条）に伴い、解除事由・中止事由（第（3）項第ｅ号）における「暴力団員」に「暴力団員でなくなった日から5年を経過しないもの」を追加し、「暴力団員等」と定義した。

解説

　発注者が中止権および解除権を行使する際の根拠としては、発注者の任意の中止権・解除権と呼ばれる性格のもの（第（1）項）と、受注者の債務不履行またはこれに準ずる事由による性格のものとに大別できる。また、後者については、解除権を行使するに際して事前に催告を要する場合（第（2）項）と、催告を要しない場合（第（3）項）に分けられる。

　第（1）項は、発注者の任意の中止権・解除権を定めた規定である。解除権については民法第641条（注文者による契約の解除）と同趣旨であるが、発注者としては、いきなり契約を解除するのではなく、一旦工事を中止して様子を見ることもあるため、本項では解除権だけでなく中止権も規定している。本項は、あくまでも発注者自身の事情による中止・解除を対象としており、この場合、本項後段の規定により、発注者は、かかる中止・解除により生じる受注者の損害を賠償する義務を負う。中止・解除による損害の範囲については、第35条の損害の特則により、直接損害に限定される。

　第（2）項は、受注者の債務不履行またはこれに準ずる事由による発注者の中止権・解除権のうち、解除権の行使に際して事前に催告を要するものについて定めた規定である（民法第541条（催告による解除）参照）。本項は、第（1）項と同様の趣旨から、解除権だけでなく中止権も同時に定めているが、解除権と中止権とで、権利行使のための手順が異なるため注意を要する。すなわち、解除権については、本項各号の事由に該当する場合、発注者は、まずは受注者に対して書面をもって相当の期間を定めて催告することを要し、それでもなお当該事由が解消されないときに限り、行使することができる。これに対し、中止権については、本項各号の事由に該当する場合、発注者は、かかる事前催告を要することなく、ただちに書面をもって受注者に通知することにより行使することができる。なお、本項各号の事由が本契約および取引上の社会通念に照らして軽微であるときには、解除権・中止権のいずれも行使することはできない。軽微であるか否かは、当該各事由に応じて個別具体的に判断されるが、例えば、第ｃ号について、契約仕様書に合致しない役務の程度や、修補または取替え義務の違反の程度

が、プラントの性能に影響を与えるようなものではない場合などが考えられる。軽微であるか否かを判断する基準時は、解除権の場合は催告において定めた是正期間の終了時であり、中止権の場合は（催告を要さないため）権利行使時である。

　第（2）項の第d号および第e号は、「契約の目的を達することができないと認められるとき」であるが、その判断には微妙な場合がありうることから、重大な結果をもたらす契約の解除にあたっては事前の催告を要するものとして整理している。また、本項は、受注者において現実に債務不履行が発生している場合のみならず、受注者の債務不履行が一定程度予想される場合についても、発注者の利益保護の観点から、発注者に中止権・解除権の行使を認めている点に注意を要する。

　第（3）項は、受注者の債務不履行またはこれに準ずる事由による発注者の中止権・解除権のうち、解除権の行使に際して催告を要しないものについて定めた規定である（民法第542条（催告によらない解除）参照）。本項も、第（1）項と同様の趣旨から、解除権だけでなく中止権も定めている。本項各号の事由に該当する場合、発注者は、何らの催告を要することなく、ただちに書面をもって受注者に通知することにより、中止権・解除権を行使することができる。

　第（4）項は、発注者が中止権を行使した後に、受注者に役務の履行を再開させる権利を定めた規定である。そもそも本条において、解除事由に該当する場合の中止権の行使が、発注者に自由選択的に認められている理由は、発注者が、受注者の役務の履行を一旦中止し、当該事由の原因を明確にし、契約を継続するか解除するかを判断する機会を得るためである。この点、次条（受注者の中止権・解除権）の規定において、受注者による中止権と解除権の行使事由が最初から区別されているのは、本条と対照的である。

　第（5）項は、発注者の任意の中止権により一旦中止された受注者の役務が再開され、契約が継続されることになった場合、受注者に契約金額の変更および完成期日の延長の請求権を与えるための規定である。このうち、契約金額の変更請求権は、かかる中止が長期にわたり、その間資機材や労賃が上昇するなどして、当初定めた契約金額が妥当性を欠くと考えられるような場合を想定している。民間連合約款においては、同趣旨の規定は第29条（請負代金額の変更）の中に設けられている。なお、中止そのものによって生じた損害については第（1）項に定められている。

　第（6）項は、受注者の債務不履行またはこれに準ずる事由による中止・解除により、発注者が損害を被った場合には、受注者に対して賠償請求ができる旨を定めた規定である。ただし、第（3）項第c号の事由による場合は、発注者に対する直接の債務不履行ではないため、除外されている。中止・解除による損害の範囲については、第35条の損害の特則により、直接損害に限定される。

　なお、民間連合約款では、第31条ないし第31条の4に発注者の中止権、解除権に関する規定がある。

第32条　受注者の中止権・解除権

（1）次の各号の一にあたるとき、受注者は、書面をもって発注者に通知して受注者の役務を中止することができる。ただし、aないしdに掲げる事由による場合は、発注者に対し、書面をもって相当の期間を定めて催告してもなお当該事由が解消されないときに限る。

　a．発注者が前払または中間払を遅滞したとき。

　b．発注者が正当な理由なく第16条（4）の協議に応じないとき。

　c．発注者の責めに帰すべき事由（発注者が工事用地または支給品を受注者の使用に供することができないときおよび発注者が許認可等の取得または届出を怠ったときを含む。）により、受注者が受注者の役務を履行できないときまたは受注者の役務が著しく遅延したとき。

　d．不可抗力などのため受注者が受注者の役務を履行できないとき。

　e．発注者が支払いを停止する（資金不足による手形・小切手の不渡りを出すなど）などにより、発注者が契約金額の支払い能力を欠くおそれがあると認められるとき。

（2）本条（1）に掲げる各号の事由が解消したときは、受注者は、受注者の役務を再開する。

（3）本条（2）により受注者の役務が再開された場合、受注者は、発注者に対して、必要と認められる契約金額の変更および完成期日の延長を請求することができる。

（4）発注者が本契約に違反し、その違反によって本契約の履行ができなくなったと認められるとき、受注者は、発注者に対し、書面をもって相当の期間を定めて催告してもなお解消されないときは、書面をもって発注者に通知して本契約を解除することができる。ただし、当該違反の程度が当該期間を経過した時点において本契約および取引上の社会通念に照らして軽微であるときはこの限りでない。

（5）次の各号の一にあたるときは、受注者は、何らの催告を要することなく、書面をもって発注者に通知して直ちに本契約を解除することができる。

　a．第31条の（1）または本条（1）（eを除く）による受注者の役務の遅延または中止期間が、本契約の締結日から完成期日までの期間の4分の1以上になったときまたは6か月以上になったとき。

　b．発注者が受注者の役務を著しく減少させたため、契約金額が3分の2以上減少したとき。

　c．本条（1）eにあたるとき。

　d．発注者が以下の一にあたるとき。

　　イ　役員等（発注者が個人である場合にはその者を、発注者が法人である場合にはその役員またはその支店もしくは営業所等の代表者をいう。以下この号において同じ。）が暴力団員による不当な行為の防止等に関する法律第2条第6号に規定する暴力団員または同号に規定する暴力団員でなくなった日から5年を経過しないもの

　　　　（以下この号において「暴力団員等」という。）であると認められるとき。
　　ロ　暴力団（暴力団員による不当な行為の防止等に関する法律第2条第2号に規定する暴力団をいう。以下この号において同じ。）または暴力団員等が経営に実質的に関与していると認められるとき。
　　ハ　役員等が暴力団または暴力団員等と社会的に非難されるべき関係を有していると認められるとき。
（6）本条（1）、（4）または（5）の場合、受注者は発注者に損害の賠償を請求することができる。ただし、（1）eまたは（5）cに掲げる事由による場合は、この限りでない。

改正点

　従来第（1）項および第（5）項においてそれぞれ規定されていた中止権行使事由を第（1）項に全てまとめて規定する形とした。その際、第e号については無催告による中止権を維持するために、条文の構成を修正した。

　また、前条と同様、催告解除と無催告解除の区別を明確にする目的から、第（4）項は催告解除の規定、第（5）項は無催告解除の規定として整理した。

　第（5）項第a号について、中止期間の長期化による解除事由として、発注者の帰責事由による中止期間だけでなく、発注者の都合による中止期間についても含めた。その他、第（5）項第d号において、前条と同様の修正を行った。

解説

　本条の受注者の中止権・解除権の規定は、前条（発注者の中止権・解除権）の規定と比べると行使の要件が厳格になっている。すなわち、受注者は、発注者が契約金額の支払いなどの基本的義務の履行を遅滞しても、ただちに解除権を行使することができず、中止権を行使できるのみであるほか、第（1）項の中止権の行使に際しては、受注者は原則として相当の期間を定めて催告することが義務付けられている。これは、中止・解除により蒙る損害が発注者の方が甚大であることを考慮したものである。ただし、第（1）項第e号に定める場合（「発注者が契約金額の支払い能力を欠くおそれがあると認められるとき」）については、発注者が倒産等に陥る可能性があるという緊急事態であることに鑑み、例外的にただちに解除権を行使することを認め、かつ、催告を要しない中止権・解除権を認めている。なお、発注者が「契約金額の支払い能力を欠くおそれがあると認められるとき」とは、必ずしも不渡処分を受けるとか倒産するとかの事実を伴うことを要しない。一般的に支払いができない状態にあることが、例示された事実や支払い遅滞の態様などによって読み取ることができれば足りると解される。

　なお、中止権行使事由として第（1）項第b号に規定された、発注者が正当な理由なく協議に応じない場合は、第16条第（2）項（発注者の提供する図面・仕様書に疑義を生じた場合など）でなく、第16条第（4）項（工事用地の地下条件等について予期することのできない

状態が発見された場合など）に限定されている。これは、発注者の提供する図面・仕様書に疑義を生じた場合においても、設計者でもある受注者は、役務を中止せずに、受注者自身の裁量により役務を継続できる場合が多いと思われるからである。

　受注者は、第（2）項に規定のとおり、第（1）項に規定された各号の中止事由が解消したときは、役務の提供を再開する。そして、受注者には、第（3）項に規定のとおり、前条第（5）項と同様、必要と認められる範囲で、契約金額の変更請求権および完成期日の延長請求権が与えられる。このうち、契約金額の変更請求権は、かかる中止が長期にわたり、その間資機材や労賃が上昇するなどして、当初定めた契約金額が妥当性を欠くと考えられるような場合を想定している。なお、民間連合約款においては、同趣旨の規定は第29条（請負代金額の変更）の中に設けられている。なお、中止そのものによって生じた損害については第（6）項に定められている。

　受注者の解除権行使事由は、第（4）項および第（5）項に規定されている。前条と同様に、これらの解除権行使事由それぞれについて、催告を要する場合（第（4）項）および催告を要しない場合（第（5）項）に分けて規定をしている。

　第（4）項は、受注者の解除権のうち、解除権の行使に際して事前に催告を要するものについて定めた規定である（民法第541条（催告による解除）参照）。なお、発注者の違反の程度が本契約および取引上の社会通念に照らして軽微であるときには、解除権を行使することはできない。軽微であるか否かは、個別具体的に判断されるが、軽微であるか否かを判断する基準時は、催告の際に定めた是正期間の終了時である。「発注者が本契約に違反し、その違反によって本契約の履行ができなくなったと認められるとき」であって、当該違反の程度が「軽微」である例としては、発注者が実施すべき許認可の取得が数日程度間に合わない場合等が想定される。

　さらに、第（5）項は、受注者の解除権のうち、解除権の行使に際して催告を要しないものについて定めた規定である（民法第542条（催告によらない解除）参照）。本項各号の事由に該当する場合、受注者は、何らの催告を要することなく、ただちに書面をもって発注者に通知することにより解除権を行使することができる。第（5）項第a号において、発注者の都合や発注者の債務不履行による受注者の役務の遅延または中止期間は、本契約の締結日から完成期日までの期間の4分の1以上になったときまたは6か月以上になったときと規定した。プラント建設工事においては、その工事期間が2年以上にわたる場合が多いことを考慮したものである。民間連合約款では、かかる期間が本契約の締結日から完成期日までの期間の4分の1以上になったとき、または2か月以上になったときと規定されている。

　第（6）項に規定のとおり、受注者は、中止権・解除権を行使することができる場合において、かかる中止・解除により損害を被った場合には、発注者に対する賠償請求権を取得する。ただし、第（1）項第e号または第（5）項第c号による場合は、受注者に対する直接の債務不履行ではないため、除外されている。中止・解除による損害の範囲については、第35条の損害の特則により、直接損害に限定される。

民間連合約款では、第32条ないし第32条の4に受注者の中止権、解除権に関する規定がある。

第33条　解除に伴う措置

（1）引渡し前に、第31条または第32条の規定により本契約が解除されたときは、履行済みの受注者の役務に相当する契約金額を受注者に対する対価として、発注者および受注者が協議して清算する。

（2）引渡し前に、本契約が解除されたときは、発注者および受注者が協議して当事者に属する物件について、期間を定めてその引取・あと片付などの処置を行う。

（3）本条（2）の処置が遅れているとき、催告しても、正当な理由なくなお行わないときは、相手方は、代わってこれを行い、その費用を請求することができる。

（4）引渡し後に本契約が解除されたときは、解除に伴う措置を発注者および受注者が民法の規定に従って協議して定める。

（5）第31条または第32条の規定により本契約が解除された場合においても、第31条（1）後段、同条（6）および第32条（6）のほか、第6条（1）、第7条、第19条（1）および（2）、本条、第34条、第35条ならびに第36条の規定は有効に存続するものとする。

改正点

　第（1）項は、引渡し前に本契約が解除された場合の措置であることを明確にした。それと併せて、第（4）項に引渡し後に本契約が解除された場合の措置を規定した。

　第（5）項に関し、第31条の改正に合わせた引用条項の改正を行った。また、第三者賠償義務を定める第19条第（1）項のみを存続させ、第（2）項を存続させない理由は特にないため、第（2）項も存続条項として追加した。

解説

　本条においては、引渡し前の解除に際して、対象を工事の出来形部分と検査済みの材料・機器に限定せずに、履行済みの受注者の役務に相当する契約金額を受注者に対する対価として発注者と受注者が協議して清算することとしている。これは、施工段階での出来形や検査済みの材料・機器だけを支払い対象とした場合、施工前のエンジニアリング（設計）作業、材料・機器の調達業務および検査前の材料・機器の製作費用等が支払い対象とされないおそれがあるというプラント建設工事に特有の事情があるためである。

　役務の不適切な履行部分や受注者が引取に合意した部分に関しては、協議のうえ、清算の段階で、履行相当部分の契約金額から必要な修補費用および当該引取部分に相当する金額等を控除することになる。

　清算金の支払いと履行部分の役務の引渡しとは、同時履行の関係に立つと解される。

　解除後の引取・あと片付などの処置は、協議により期間を定めたうえで行われると第（2）項に規定されているが、これに実効性を与えるために、催告のうえで、代替履行による費用請求権が相手方当事者に与えられると第（3）項に規定している。

　第（4）項では、引渡し後の解除に伴う措置に関して、発注者および受注者が民法の規定に従って協議して定めることとした。

　第（5）項では、契約解除後においても、解除に伴い発生した損害賠償請求権、本契約から生ずる権利義務の譲渡禁止、特許権などについての権利義務、第三者損害賠償義務、解除後に発生する本条における権利義務、秘密保持義務、損害の特則および合意管轄に関する規定は有効に存続する旨を規定している。

　なお、民間連合約款では、第33条に解除に伴う措置に関する規定がある。

第34条　秘密保持

（1）発注者および受注者は、本契約の履行を通じて知り得た相手方の情報（以下「秘密情報」という。）を、本契約の目的以外には使用してはならない。また、相手方の書面による同意がある場合を除き第三者に漏洩してはならない。

（2）本条（1）の規定にかかわらず、受注者は、受注者の役務を遂行するうえで必要な限度内において、この秘密情報を受注者の工事下請業者、業務受託者、機材製造業者、弁護士、公認会計士または税理士などに開示することができる。この場合、受注者は、当該開示先に対して、あらかじめ適切な秘密保持の義務を負わせる。

（3）次のいずれかにあたる情報については、本条（1）に定める秘密情報にはあたらない。

　a．開示を受けた時点で既に公知であった、または受領した者の責めによらず公知となったもの。

　b．相手方から開示を受けたとき、既に自ら保有していたもの。

　c．開示を受けた側の当事者が、のちに第三者から適法に入手したもの。

　d．相手方から開示を受けた秘密情報によらず、独自に開発して得られたもの。

（4）本条（1）の規定にかかわらず、秘密情報を受領した者は、法令などによる開示義務を負い、または裁判所・税務当局・捜査当局などの司法機関・行政当局から正当な権限に基づき秘密情報の開示の要請を受けた場合には、その秘密情報を当該開示義務または要請の限度内において開示することができる。

改正点

　第（1）項において、「秘密情報」の用語の定義を行った。

　第（2）項において、あらかじめ適切な秘密保持義務を負わせた上で秘密情報を開示できる対象に、弁護士または公認会計士などを加えた。

第（3）項において、秘密情報の例外に、「相手方から開示を受けた秘密情報によらず、独自に開発して得られたもの」を加えた。

第（4）項を新設し、法令等による開示義務、または司法機関・行政当局からの正当な権限に基づく秘密情報の開示要請があった場合に、当該義務または要請の限度で秘密情報の開示を認めるものとした。

解説

発注者および受注者双方が、本契約の履行中に知り得た相手方の秘密情報を本契約の目的以外には使用しないこと、また相手方の書面による同意がなければ第三者に漏らさないことを規定している。本契約の締結前に相手方からの開示などにより知り得た情報については、実務上、取引開始時点で秘密保持契約が別途締結されることが多いので、本条の秘密情報の定義には含まれていない。

受注者は、受注者の役務を遂行するうえで必要な限度内において、あらかじめ適切な秘密保持義務を負わせ、秘密情報を開示することができるが、弁護士など、開示する相手によっては、もとより法令等による守秘義務を負っているので、重ねて秘密保持義務を負わせる必要はない。

プラント建設工事において発注者と受注者が相互に提供し合う情報には、プラントの生産方法、稼働率、生産物の品質などのプロセスノウハウや受注者の材料・機械などの製造ノウハウが数多く含まれている。このため、これらの秘密情報の漏洩を防ぐために、プラント建設工事契約においては必要となる規定である。

なお、本条の対象となる秘密情報には、文書によるものに限らず、口頭および電子媒体により開示されたものも含まれることから、秘密情報の範囲が広い。このため、秘密情報の範囲を特定の情報に限定しておきたいとの相互理解が得られる場合には、欧米の工事請負契約約款に見受けられるように、例えば　第（1）項の「秘密情報」の定義に「秘密とマークされた情報」に限る旨の修正を加えるなど、実務上の手当てを施すこともできる。

本条の秘密保持義務は、受注者の役務完了後も、また、第33条第（5）項に規定されているように契約解除後も存続するが、発注者と受注者が合意するのであれば、その存続期間に期限を設けることも可能である。

第35条　損害の特則

本契約に関して発注者または受注者が、相手方に損害賠償義務を負う場合（本契約の定めによる場合のほか不法行為等一切の法律上の原因を含む。）の損害については、本契約に特別の定めのある場合（第24B条（2）および第30条に定める予定損害賠償金ならびに第30条に定める遅延利息）はその定めに従い、それ以外のすべての場合は、損害賠償義務を負う者は、自らの故意または重過失による場合を除き、逸失利益、営業損失、不稼働

> 損失、原料・生産物の損失および間接損害ならびにこれらに類する損害について一切の責任を負わない。

改正点

「本契約に特別の定めのある場合」として、第30条において新たに定めた遅延利息を加えた。

解説

本条では、いわゆる間接損害等の相互免責を規定している。プラント建設契約において、一方当事者が相手方に対して負う損害賠償責任について間接損害等を免責するという考え方は、海外プラント建設工事用ENAAモデルフォームプロセスプラント国際標準契約書をはじめ、FIDICを含む国際的なモデルフォームのほぼすべてに採用されている大原則である。受注者側にこのような間接損害等の免責が定められる趣旨は、仮に発注者の不稼働損失等の生産に伴うリスクを受注者に負担させるとすれば、受注者にとってあまりに過酷だからである。すなわち、そのようなリスクが顕在化した場合、損害額は莫大な金額になりかねないが、その合理的な予測は不可能と言ってよく、予備費（コンティンジェンシー）として契約金額に含めておくことは難しい。このような予測不可能で大きなリスクは、プラントオーナーである発注者側が負担することが衡平なリスク分担であるという考え方に基づくものである。このように、本規定は受注者が負うべき建設リスクと、本来プラントオーナーである発注者が負うべき生産に伴うリスクとを合理的にバランスさせることを目指したものである。

本規定では明示的に列挙されていないが、例えば、「原料供給または製品引取りのために手配された船舶の滞船料」や、発電プラントの場合であれば「代替電力の手配に要した費用」、「調達燃料の保管費用」なども、本規定により免責対象となる間接損害等に含まれると考えられよう。

なお、本規定では、公平の観点から相互免責を定めているため、受注者側だけでなく、発注者側においても、同様に自身の債務不履行等によって生じた受注者の逸失利益、営業損失などの間接損害等が免責されることとなる。

以上に対し、性能保証未達成および工期遅延によって発注者に生じた損害については、それぞれ第24B条および第30条に予定損害賠償金の定めがあるため、それらの定めに従って損害賠償金が算定されることになり、本規定における間接損害等の免責は適用されない。発注者の支払遅延によって受注者に生じた損害についても、第30条の遅延利息の定めに従うことになる。

ところで、海外のプラント契約などにおいては、契約上から生ずる一切の責任の額をたとえば契約金額の15％や20％などに限定する責任限度額が設定される場合もある。この限度額については、その契約が対象とするプラントの分野（プロセスプラント、発電プラント等）における慣習により異なるレベル感があるようであるが、責任限度額の規定そのものは海外プラント建設工事用ENAAモデルフォームプロセスプラント国際標準契約書をはじめ、FIDICを含む国際的なモデルフォームにおいても採用されている。一方、国内のプラント契約では一般的で

はないこと、また本条により、その設定目的が一部カバーされることもあり、本約款では採用していない。

　しかしながら、近年、国内においてもこのような責任限度額の規定をプラント契約に設ける事例が徐々に出てきているようである。これを設けることについて発注者と受注者が合意した場合の参考として、工事等請負契約書の第6条（特記事項）に定める条文の案を以下に提示する：

　「受注者の責任限度額

　本契約に関して受注者が発注者に対して負う責任の総額は、自らの故意または重過失による場合を除き、累積して契約金額の［　　］％を超えないものとする。」

　また、これと併せて、責任限度額の対象から除外される（つまり受注者が青天井の責任を負う）事項が特定される場合がある。そのような除外規定を設けることについて発注者と受注者間で合意に至った場合には、その具体的な項目を、本約款における関連条項を引用しながらこの条文に追記することになる。

第36条　合意管轄
　本契約に関する一切の紛争については、発注者の住所地を管轄する地方裁判所をもって、第一審の専属的合意管轄裁判所とする。

改正点
　改正はない。

解説
　本条は、発注者と受注者の間での紛争が話し合いなどにより解決せず裁判で解決を図る場合の専属的合意管轄を、発注者の住所地を管轄する地方裁判所とする旨規定している。

　民間連合約款では、発注者および受注者の選定する第三者への解決の依頼、または建設工事紛争審査会のあっせん、調停もしくは仲裁により紛争の解決を図るものとしている。

　しかし、プラント建設工事における紛争解決手段として、建設工事紛争審査会に付託することは、現在のところ一般的ではない。

　本モデルフォームにおいても、そのようなプラント建設工事における紛争解決手段の実情を踏まえ、裁判により解決を図ることを前提としその合意管轄を定めている。

　因みに、東京地方裁判所と大阪地方裁判所には、建築紛争を専門とする部が設けられている。当該部におけるプラント建設工事紛争の取扱実績は不明であるものの、例えば発注者の住所地を管轄する地方裁判所だと小規模であるとかアクセス困難であるなどの事情がある場合には、その点も考慮し、当該裁判所を合意管轄として当事者間合意することなども考えられる。

　なお、本条は、裁判を紛争解決手段とする場合の合意管轄を定めた規定である。よって、双

方の合意があれば、裁判ではなく、第三者への依頼、調停、仲裁による解決、あるいは建設業法に定める手続きに従った建設工事紛争審査会での解決を図ることも可能である。実際に、国内プラント契約であっても、発注者が外国企業／外資系企業の場合には、当事者間で仲裁を紛争解決手段として合意することも多い。

第Ⅲ部

民間連合約款との対照表

各項名称対照表

ENAA国内プラント約款	民間連合約款
工事等請負契約書	工事請負契約書
第1条　許認可等の取得	
	第1条　総則
	第1条の2　用語の定義
第2条　工事用地など	第2条　敷地、工事用地
第3条　関連工事の調整	第3条　関連工事の調整
第4条　工程表および組織表	第4条　請負代金内訳書、工程表
第5条　一括下請負、一括委任の禁止	第5条　一括下請負、一括委任の禁止
第6条　権利、義務の譲渡などの禁止	第6条　権利、義務の譲渡などの禁止
第7条　第三者の特許権等の使用	第7条　特許権などの使用
	第8条　保証人(本条は任意に保証人を立てる場合に適用する)
第8条　図面の承認	
	第9条　監理者
第9条　責任者	
第10条　現場代理人、監理技術者など	第10条　主任技術者・監理技術者、現場代理人など
第11条　履行報告	第11条　履行報告
第12条　工事下請業者、機材製造業者	第12条　工事関係者についての異議
第13条　材料・機器の検査・試験	第13条　工事材料、建築設備の機器、施工用機器
第14条　支給品	第14条　支給材料、貸与品
第15条　発注者の立会い	第15条　発注者等の立会い
第16条　発注者の提供する図面、仕様書	第16条　設計及び施工条件の疑義、相違など
第17条　承認図面または契約仕様書のとおりに実施されていない受注者の役務	第17条　工事用図書のとおりに実施されていない施工
第18条　損害の防止	第18条　損害の防止
第19条　第三者損害	第19条　第三者損害
第20条　本プラント等に生じた損害	第20条　施工について生じた損害
第21条　特別危険による損害	第21条　不可抗力による損害
第22条　損害保険	第22条　損害保険
第23条　試運転準備の完了、検査、引渡し	第23条　完成、検査
	第23条の2　法定検査

	第23条の3　その他の検査
第24A条　発注者による試運転義務	
第24B条　受注者の試運転義務と性能保証	
第25条　部分引渡し	第24条　部分使用
第26条　部分使用	第25条　部分引渡し
	第26条　請求、支払、引渡し
第27条　契約不適合	第27条　契約不適合責任
	第27条の2　契約不適合責任期間等
第28条　受注者の役務の変更、完成期日の変更	第28条　工事の変更、工期の変更
第29条　契約金額の変更	第29条　請負代金額の変更
第30条　履行遅滞・賠償額の予定・遅延利息	第30条　発注者の損害賠償請求等
	第30条の2　受注者の損害賠償請求等
第31条　発注者の中止権・解除権	第31条　発注者の任意の中止権及び解除権
	第31条の2　発注者の中止権及び催告による解除権
	第31条の3　発注者の催告によらない解除権
	第31条の4　発注者の責めに帰すべき事由による場合の解除の制限
第32条　受注者の中止権・解除権	第32条　受注者の中止権
	第32条の2　受注者の催告による解除権
	第32条の3　受注者の催告によらない解除権
	第32条の4　受注者の責めに帰すべき事由による場合の解除の制限
第33条　解除に伴う措置	第33条　解除に伴う措置
第34条　秘密保持	
第35条　損害の特則	
第36条　合意管轄	第34条　紛争の解決
	第35条　補　則
	仲裁合意書
	仲裁合意について
	民間（七会）連合協定工事請負契約約款・契約書使用上の留意事項
	建設工事に係る資材の再資源化等に関する法律第13条及び省令第4条に基づく書面
	特定住宅建設瑕疵担保責任の履行に関する特約

国内プラント約款

民間（七会）連合協定

工事請負契約約款

令和２年（2020）４月改正

●この民間（七会）連合協定工事請負契約約款には、
「民間（七会）連合協定工事請負契約約款・契約書使用上の留意事項」
「工事請負契約書」
「仲裁合意書」
「仲裁合意について」
「建設工事に係わる資材の再資源化等に関する法律第13条及び省令第４条に基づく書面」
「特定住宅建設瑕疵担保責任の履行に関する特約」
の６種の付属文書があり、これらがセットで領布・使用されています。

工事等請負契約書

　　　　　　　　　　　（以下「発注者」という。）と　　　　　　　（以下「受注者」という。）
は、次のとおり請負契約を締結する（以下「本契約」という。）。

第1条　契約の対象

　本契約の対象は、　　　　　　　　　　　所在の発注者の　　　　　　　工場内における
指定場所に建設する以下の生産設備とし、その詳細を第2条に記載する契約仕様書に定め
る。

　　a．

　　b．

　　c．

　（以下「本プラント」という。）

第2条　契約の内容

（1）受注者の役務の内容

受注者は、本条（2）の本契約構成図書の内容に従い、本プラントを完成するのに必要な
設計、機材の調達、建設工事および試運転の助勢 (注1)（これら役務をあわせて以下「受注
者の役務」という。）を請け負う。

（2）本契約構成図書

本契約は、下記の図書により構成される。なお、下記図書相互間に矛盾が生じたときは、
以下の優先順序に従い解釈するものとする。

　　1．本「工事等請負契約書」

　　2．契約仕様書（i.　　　　ii.　　　　iii.　　　　）

　　3．ENAA国内プラント約款

第3条　契約金額等

（1）本契約に基づく受注者の役務に対する対価（以下「契約金額」という。）として、発
　　注者は、受注者に次の金額を支払う。

　　契約金額（消費税額を除く。）

　　　金　　　　　　　　円（¥　　　　　　　　）

（2）消費税等

　　発注者は、契約金額に対する下記消費税および地方消費税を負担する。

　　　金　　　　　　　　円（¥　　　　　　　　）

印
紙

工 事 請 負 契 約 書

発 注 者 _____ と

受 注 者 _____ とは

（工事名称）_____ 工事

の施工について、次の条項と添付の工事請負契約約款、設計図書等（設計図面_____枚、
仕様書_____冊、現場説明書_____枚、質問回答書_____枚）に基づいて、工事請負契約を
締結する。

1. 工 事 場 所 _____

2. 工　　期　　着 手 _____年_____月_____日

　　　　　　　　完 成 _____年_____月_____日

　　　　　　　　引渡日 _____年_____月_____日

3. 請 負 代 金 額　　金 _____

　　　　　　　　うち　　工事価格 _____

　　取引に係る消費税及び地方消費税の額 _____
　　(注) 請負代金額は、工事価格に、取引に係る消費税及び地方消費税の額を加えた額。

4. 請 負 代 金 の 支 払　　前 払　契約成立の時に _____

　　　　　　　　　　　　　　部分払 _____

　　　　　　　　　　　　_____

　　　　　　　　　　　　_____

　　　　　　　　　　支払請求締切日 _____

　　　　　　　　　　完成引渡しの時に _____

5. （1）部分使用の有無（有・無） （2）部分引渡しの有無（有・無） （3）仲裁合意の有無（有・無）
　　（4）種類又は品質に関して契約の内容に適合しない場合におけるその不適合を担保すべき責任の
　　　　履行に関して講ずべき保証保険契約の締結その他の措置に関する定めの有無（有・無）（建設
　　　　業法第19条第1項第13号）
　　　　① この工事が、「特定住宅瑕疵担保責任の履行の確保等に関する法律」（平成19年法律第
　　　　　66号）に定める特定住宅建設瑕疵担保責任の対象工事に該当する場合、講ずべき瑕疵
　　　　　担保責任の履行を確保するための資力確保措置の内容（保証金の供託又は責任保険契約
　　　　　の締結）は、添付別紙のとおりとする。
　　　　② 上記①を除くその他の措置の内容 _____
　　（5）工事を施工しない日又は時間帯の定めの有無（有・無）（建設業法第19条第1項第4号）
　　　　工事を施工しない日 _____ 工事を施工しない時間帯 _____

6. 解体工事に要する費用等
　　　　この工事が、「建設工事に係る資材の再資源化等に関する法律」（平成12年法律第104号）第
　　　9条第1項に規定する対象建設工事に該当する場合、同法第13条第1項の主務省令で定める事
　　　項については、添付別紙のとおりとする。

第4条　支払い条件

　発注者は、契約金額および消費税額を、次のとおり支払う。

本契約の締結時：

（中間払い (注2)）：

本プラントの引渡し時：

第5条　完成期日

　受注者は、本契約の締結後速やかに受注者の役務に着手し、　　　年　　　月　　　日
（本契約の定めにより変更された場合は、変更後の日とする。以下「完成期日」という。）
までに本プラントの試運転開始に必要なすべての受注者の役務を完了する（塗装、保温、
保冷、舗装、清掃など、試運転に支障のない残工事を除く。以下この状態を「試運転準備
の完了」または「試運転準備が完了」という。）。

第6条　特記事項 (注3)

注1）受注者に性能保証が要求されている場合は、「試運転の助勢」に代えて「試運転」とする。

注2）支払い期日またはマイルストーンを記載する。

注3）特に明記する必要のあるもの、たとえば、受注者による本プラントの性能保証の有無、部分引渡し、部分使用の規定、
　　　受注者が付保する損害保険の内容等。

本契約締結の証として本書2通を作成し、発注者および受注者それぞれ記名捺印のうえ、
各1通を保有する。

　　　　　年　　　月　　　日

　　　　　　　　　　　　　　　　　発注者　　　株式会社
　　　　　　　　　　　　　　　　　　　　　　代表取締役
　　　　　　　　　　　　　　　　　受注者　　　株式会社
　　　　　　　　　　　　　　　　　　　　　　代表取締役

7. そ　の　他

　　..
　　..
　　..
　　..

　　この契約の証として本書2通を作り、発注者及び受注者が記名押印して、それぞれ1通を保有する。

　　........　年........　月........　日

　＜発注者＞

　　住所又は所在地..

　　氏名又は名称..印

　　同保証人（住所又は所在地及び氏名又は名称）
　　..印

　＜受注者＞

　　住所又は所在地..

　　氏名又は名称..印

　　同保証人（住所又は所在地及び氏名又は名称）
　　..印

　　　　　（注）・保証人を立てない場合は、空欄とする。
　　　　　　　　・その他の方法を用いる場合は、その方法を「7.　その他」欄に記入する。
　　　　　　　　・保証人が個人である場合、この保証は民法第465条の2に定める個人根保証となることから別途に債権者（保証される者）との間で、保証契約を締結し、極度額を定める必要がある。
　　　　　　　　・保証人（法人を除く。以下この文において同じ。）を立てる場合は保証人に対して民法第465条の10第1項に規定する情報提供義務が発生することに留意すること。

　　上記工事に関し、発注者との間の契約に基づいて発注者から監理業務（建築士法第2条第8項で定める工事監理、並びに同法第18条第3項及び第20条第3項で定める工事監理者の業務を含む。）を委託されていることを証するためここに記名押印する。

　　監　理　者..印

工事請負契約書用紙改正
平成元年2月、平成9年4月、平成9年9月、平成14年5月、平成19年5月、
平成20年11月、平成21年5月、平成23年5月、平成28年3月、令和2年4月　　　　　（民間（七会）連合協定用紙）

第1条　許認可等の取得

（1）発注者および受注者は、受注者の役務遂行のために必要となる許認可、その他監督官庁への届出のうち、各自の名義で取得・届出すべきものについては、それぞれの責任で取得・届出するものとし、互いに相手方に対して、必要な協力を行わなければならない。

（2）本プラントの運転に必要な許認可、その他監督官庁への届出については、発注者が自己の責任で取得・届出する。

第1条　総則

（1）発注者と受注者とは、おのおの対等な立場において、日本国の法令を遵守して、互いに協力し、信義を守り、契約書、この工事請負契約約款（以下「この約款」という。）及び設計図書等に基づいて、誠実にこの契約を履行する。

（2）受注者は、この契約に基づいて、この工事を完成して契約の目的物を発注者に引き渡すものとし、発注者は、その請負代金の支払を完了する。

（3）発注者は、この契約とは別に発注者と監理者間で締結されたこの工事にかかる監理業務の委託契約に基づいて、この契約が円滑に遂行されるように監理者へ協力を求める。

（4）発注者は、この契約に定めのある事項と異なることを監理者に委託した場合又はこの約款の定めに基づいて発注者が行うことを監理者に委託した場合は、速やかに当該委託の内容を書面をもって受注者に通知する。

（5）発注者は、受注者、監理者又は設計者（その者の責任において設計図書を作成した者をいう。以下同じ。）の求めにより、設計意図を正確に伝えるため設計者が行う質疑応答又は説明の内容を受注者及び監理者に通知する。

（6）この約款の各条項に基づく協議、承諾、承認、確認、通知、指示、催告、請求等は、原則として、書面により行う。

第1条の2　用語の定義

この約款において用いる用語の定義は、次の各号のとおりとする。

　a．発注者

　　この工事を注文した者をいう。

　b．受注者

　　この工事を請け負った者をいう。

　c．設計図書等

　　この工事のために必要な設計図面及び仕様書のうちこの契約に添付されたもの（設計図書）、現場説明書及びこれらに対する質問回答書をいう。ただし、構造計算書及

ENAA国内プラント約款

第2条　工事用地など

（1）発注者は、契約仕様書で定められた日までに、本プラントの敷地および契約仕様書

び設備にかかる計算書その他各種計算書は含まない。

d．この契約

　発注者と受注者間で締結された契約書、この約款及び設計図書等を内容とする請負契約をいい、発注者と受注者の合意によって変更した場合の変更内容を含む。

e．この工事

　この契約に基づいて実施される工事をいう。

f．監理者

　この工事に関し、発注者との間で監理業務の委託契約を締結した者をいう。

g．監理業務

　この工事に関し、発注者と監理者が締結した監理業務の委託契約に定められる業務をいい、建築士法第2条第8項で定める工事監理、並びに同法第18条第3項及び第20条第3項で定める工事監理者の業務を含む。

h．工事用地

　敷地以外で設計図書等において発注者が提供するものと定められた施工上必要な土地をいう。

i．関連工事

　発注者の発注にかかる第三者の施工する他の工事で、この工事と密接に関係するものをいう。

j．説明用図書

　設計図書等の内容を説明するために監理者が作成した図書をいう。

k．施工図

　設計図書等の定めにより受注者が作成した、この工事に必要な躯体図、工作図、製作図等をいう。

l．工事用図書

　設計図書等及び発注者又は監理者によって承認された施工図をいう。

m．部分引渡し

　この工事の完成に先立って発注者がこの契約の目的物の一部引渡しを受ける場合の引渡しをいう。

n．引渡し部分

　部分引渡しを受ける部分をいう。

o．契約不適合

　種類又は品質に関してこの契約の内容に適合しない状態をいう。

第2条　敷地、工事用地

　発注者は、敷地及び工事用地などを、施工上必要と認められる日（設計図書等に別段の

において発注者が提供すべきものと定められた受注者の役務遂行に必要な土地（以下これらを「工事用地」という。）を受注者に引き渡すとともに、契約仕様書に従い、受注者が工事用地にアクセスするために必要かつ適切な処置を講ずる。

（2）契約仕様書において工事用地の引渡し日または本条（1）における発注者の処置内容が定められていない場合には、発注者は、第4条において発注者が承認した工程表に従い、工事用地の引渡し日または発注者の処置内容につき受注者と協議のうえ、受注者の役務の遂行に支障のない範囲で確定する。

第3条　関連工事の調整

（1）発注者は、発注者の発注にかかる第三者の建設工事が受注者の建設工事と密接に関連する場合において、必要があるときは、それらの施工につき調整を行う。このとき、発注者は、その調整の内容について受注者と事前に協議しなければならない。

（2）受注者は、本条（1）の事前協議を経て定められた調整に従い、第三者の建設工事が円滑に進捗し、完成するよう協力しなければならない。

（3）本条（1）の調整により、必要があると認められるときは、発注者または受注者は、相手方に対し、受注者の役務の内容、完成期日または契約金額の変更を請求することができる。

第4条　工程表および組織表

受注者は、本契約締結後速やかに受注者の役務遂行のための工程表および組織表を発注者に提出し、工程表については発注者の承認をうける。

第5条　一括下請負、一括委任の禁止

受注者は、本契約の履行に関し、受注者の役務の全部または大部分を一括して第三者に委任しまたは請け負わせてはならない。ただし、法令の定めに反しない限りにおいて、事前に発注者の書面による承諾を得た場合はこの限りではない。なお、この場合においても、受注者の本契約に基づく責任は軽減または免除されない。

定めのあるときは、その定められた日）までに確保し、受注者の使用に供する。

第3条　関連工事の調整

（1）発注者は、必要があるときは、この工事と関連工事につき、調整を行うものとする。

（2）本条（1）において、受注者は、発注者の調整に従い、関連工事が円滑に進捗し完成するよう協力しなければならない。

（3）本条（1）において、発注者が関連工事の調整を監理者又は第三者に委託した場合、発注者は、速やかに書面をもって受注者に通知する。

第4条　請負代金内訳書、工程表

（1）受注者は、この契約を締結したのち速やかに請負代金内訳書及び工程表を発注者に、それぞれの写しを監理者に提出し、請負代金内訳書については監理者の確認を受ける。

（2）受注者は、請負代金内訳書に、健康保険、厚生年金保険及び雇用保険に係る法定福利費を明示するものとする。

第5条　一括下請負、一括委任の禁止

　受注者は、この工事の全部もしくはその主たる部分又は他の部分から独立して機能を発揮する工作物の工事を一括して、第三者に請け負わせることもしくは委任することはできない。ただし、建設業法第22条第3項に定める多数の者が利用する施設又は工作物に関する重要な工事で政令で定めるもの（共同住宅を新築する建設工事）以外の工事で、かつ、あらかじめ発注者の書面による承諾を得た場合は、この限りでない。

ENAA国内プラント約款

第6条　権利、義務の譲渡などの禁止

（1）発注者および受注者は、相手方の書面による事前の承諾を得なければ、本契約から生ずる権利および義務を、第三者に譲渡すること、もしくは承継させること、または質権その他の担保の目的に供することはできず、また本契約上の地位を第三者に移転することはできない。

（2）発注者および受注者は、相手方の書面による事前の承諾を得なければ、本プラントを構成する材料、機器（以下「材料・機器」という。）および本プラントを第三者に譲渡すること、もしくは貸与すること、または抵当権その他の担保の目的に供することはできない。

第7条　第三者の特許権等の使用

（1）受注者は、第三者の特許権、実用新案権、意匠権、商標権、著作権その他日本国の法令により定められた権利または営業秘密、限定提供データなど法律上保護される利益に係る権利（以下あわせて「第三者の特許権等」という。）の対象となっている材料・機器、施工方法、図面などを使用するときは、その使用に関して一切の責任を負わなければならない。ただし、発注者がその材料・機器、施工方法、図面などを指定した場合において、契約仕様書に第三者の特許権等の対象である旨の明示がなく、かつ、受注者がその存在を知らなかったときは、発注者は、その使用に関して一切の責任を負わなければならない。

（2）発注者および受注者は、本プラントに関して第三者の特許権等を侵害したとして紛争が生じたときは、その旨を直ちに相手方に通知する。

（3）本条（2）の場合において、当該紛争の当事者となっていない発注者または受注者は、本条（1）の責任を負担しない場合においても、その紛争の解決のために合理的な範囲で相手方に協力する。

（4）本条（2）の場合において、当該紛争の当事者となっている発注者または受注者が本条（1）の責任を負担しないときは、当該発注者または受注者は、本条（1）の責任を負担する相手方の事前の書面による承諾を得ない限り、その紛争に関して何らの承認、認諾または和解等を行わないものとする。

第6条　権利、義務の譲渡などの禁止

（1）発注者及び受注者は、相手方の書面による承諾を得なければ、この契約から生ずる
　　権利又は義務を、第三者に譲渡すること又は承継させることはできない。

（2）発注者及び受注者は、相手方の書面による承諾を得なければ、この契約の目的物並
　　びに検査済みの工事材料及び建築設備の機器（いずれも製造工場などにある製品を含
　　む。以下同じ。）を第三者に譲渡することもしくは貸与すること、又は抵当権その他の
　　担保の目的に供することはできない。

第7条　特許権などの使用

　受注者は、特許権、実用新案権、意匠権、商標権その他日本国の法令に基づき保護され
る第三者の権利（以下「特許権など」という。）の対象となっている工事材料、建築設備
の機器、施工方法などを使用するときは、その使用に関するいっさいの責任を負わなけれ
ばならない。ただし、発注者がその工事材料、建築設備の機器、施工方法などを指定した
場合において、設計図書等に特許権などの対象である旨の明示がなく、かつ、受注者がそ
の存在を知らなかったときは、発注者は、受注者がその使用に関して要した費用を負担し
なければならない。

第7条の2　秘密の保持

　発注者及び受注者は、別段の合意をする場合を除き、この契約に関して、相手方から提
供を受けた秘密情報を、正当な理由なく第三者に開示又は漏洩してはならず、かつこの契
約の履行以外の目的に使用してはならない。

第8条　保証人（本条は任意に保証人を立てる場合に適用する）

（1）発注者又は受注者が保証人を立てた場合、当該保証人は、保証人を立てた発注者又
　　は受注者（以下「主たる債務者」という。）に債務不履行があったときは、この契約か
　　ら生ずる金銭債務について、主たる債務者と連帯して保証の責任を負う。

（2）保証人がその義務を果せないことが明らかになったときは、発注者又は受注者は、

第8条　図面の承認

（1）受注者は、契約仕様書において発注者の承認を要する旨定められている図面（以下「承認対象図面」という。）を、発注者および受注者双方の合意した時期までに、または時期の合意がない場合には、承認対象図面に基づくそれぞれの受注者の役務開始予定日として第4条の発注者の承認を受けた工程表に示された日の14日前までに、発注者に提出しなければならない。

（2）契約仕様書に別段の定めがある場合を除き、発注者は、受注者に対し、受注者から提出された承認対象図面を受領した日から14日以内に、承認の旨または不承認の場合はその理由を付して書面をもって回答しなければならない。発注者が当該期間内に回答しない場合は、当該承認対象図面は発注者により承認されたものとみなす。

（3）受注者は、発注者により承認された図面（以下「承認図面」という。）に従って受注者の役務を遂行する。

（4）本条（3）の規定にかかわらず、承認図面の全部または一部が契約仕様書の内容に適合していないことが判明した場合、受注者は、当該承認図面の全部または一部を修正するとともに、既に当該承認図面に基づき施工されているときには当該不適合部分を改造しなければならない。ただし、契約仕様書の内容に適合していない部分が発注者の指示その他発注者の責めに帰すべき事由による場合は、この限りではない。

（5）本条（4）ただし書きの場合であっても、受注者の故意または重大な過失によるとき、または受注者がその適当でないことを知りながらあらかじめ発注者に書面をもって通知しなかったときは、受注者は、その責任を免れない。ただし、受注者がその適当でないことを、書面をもって通知したにもかかわらず、発注者が適切な指示をしなかったときはこの限りではない。

第9条　責任者

（1）発注者および受注者は、それぞれ、本契約締結後ただちに、本契約の履行に関する責任者（以下「責任者」という。）を定め、書面をもって相手方に通知する。

（2）発注者および受注者間に別段の合意ある場合を除き、発注者および受注者それぞれの責任者は、本契約に基づく一切の権限を行使することができる。第10条（2）に定める受注者の通知後は、受注者の責任者のほか、受注者の現場代理人も、同条（3）および（4）により定められる権限を行使することができる。

（3）発注者および受注者は、本契約に基づいて自らが行う一切の指示、承認、請求、通知等を、相手方または相手方の責任者に対して行う。ただし、発注者は、第10条（2）

相手方に対して保証人の変更を求めることができる。

第9条　監理者

（1）発注者は監理者に対してこの契約に別段の定めのあるほか、第1条（3）の委託契約において次のことを委託した。

　a．設計図書等の内容を把握し、設計図書等に明らかな、矛盾、誤謬、脱漏、不適切な納まり等を発見した場合には、受注者に通知すること。

　b．設計内容を伝えるため、受注者と打ち合わせ、適宜、説明用図書を、この工事を円滑に遂行するために必要な時期に、受注者に交付すること。

　c．受注者からこの工事に関する質疑書が提出された場合、設計図書等に定められた品質確保の観点から技術的に検討し、当該結果を受注者に回答すること。

ENAA国内プラント約款

に定める受注者の通知後は、受注者の現場代理人に対しても、同条（3）および（4）に定められるその権限の範囲内の事項に関しては、これらを行うことができる。

　ｄ．施工図、製作見本、見本施工等が設計図書等の内容に適合しているか否かについて検討し、また設計図書等の定めにより、受注者が提出又は提案する工事材料、建築設備の機器等、及びそれらの見本が設計図書等の内容に適合しているかについて検討し、当該結果を発注者に報告のうえ、受注者に対して、適合していると認められる場合は承認し、適合していないと認められる場合には理由を示して修正を求めること。受注者がこれに従わないときは、その旨を発注者に報告すること。

　ｅ．この工事が設計図書等の内容に適合しているかについて、設計図書等と照合し、設計図書等に定めのある方法による確認のほか、目視による確認、受注者から提出された場合の品質管理記録による確認、それらを抽出によって行うなど、確認対象工事に応じた合理的方法による確認を行うこと。

　ｆ．この工事と設計図書等との照合及び確認の結果、この工事が設計図書等のとおりに実施されていないと認めるときは、直ちに、受注者に対して、その旨を指摘し、この工事を設計図書等のとおりに実施するよう求めるとともに発注者に報告すること。

　ｇ．第４条（１）に基づいて受注者から提出される請負代金内訳書の適否を合理的な方法により確認し、当該結果を発注者に報告すること。

　ｈ．設計図書等の定めにより受注者が作成、提出する施工計画について、設計図書等に定められた工期又は品質が確保できないおそれがあると明らかに認められる場合には、受注者に対して助言し、その旨を発注者に報告すること。

　ｉ．この工事がこの契約の内容（本項ｅに関する内容を除く。）に適合しているかについて、この契約の内容と照合し、設計図書等に定めのある方法による確認のほか、目視による確認、受注者から提出された場合の品質管理記録による確認、それらを抽出によって行うなど、確認対象工事に応じた合理的方法による確認を行うこと。この結果、この工事がこの契約の内容のとおりに実施されていないと認めるときは、直ちに、受注者に対して、その旨を指摘し、当該工事をこの契約の内容のとおりに実施するよう求めるとともに発注者に報告すること。

　ｊ．受注者がこの契約に定められた指示、検査、試験、立会い、確認、審査、承認、助言、協議等を求めたときは、速やかにこれに応じること。

　ｋ．受注者の提出する出来高払又は完成払の請求書を技術的に審査すること。

　ｌ．この工事の内容、工期又は請負代金額の変更に関する書類を技術的に審査すること。

　ｍ．受注者から発注者へのこの契約の目的物の引渡しに立ち会うこと。

（２）発注者又は受注者は、この工事について発注者、受注者間で通知、協議を行う場合は、この契約に別段の定めのあるときを除き、原則として、通知は監理者を通じて、協議は監理者を参加させて行う。

（３）発注者は、監理業務の担当者の氏名及び担当業務を受注者に通知する。

（４）発注者の承諾を得て監理者が監理業務の一部を第三者に委託するときは、発注者は、

第10条　現場代理人、監理技術者など

（1）受注者は、建設工事に着手するまでに、工事現場における施工の技術上の管理をつかさどる監理技術者または主任技術者を定め、書面をもってその氏名を発注者に通知する。また、専門技術者（建設業法第26条の2に規定する技術者をいう。以下同じ。）を定める場合、書面をもってその氏名を発注者に通知する。

（2）受注者は、現場代理人を定めたときは、書面をもってその氏名を発注者に通知する。

（3）現場代理人は、本契約の履行に関し、工事現場の運営、取締りを行うほか、次の各号に定める権限を除き、本契約に基づく受注者の一切の権限を行使することができる。

　　a．建築士法で定める有資格者により遂行されるべき設計業務および工事監理業務に関する権限

　　b．契約金額の変更

　　c．完成期日の変更

　　d．契約金額の請求または受領

　　e．第6条における承諾

　　f．第26条における受注者の同意

　　g．受注者の役務の中止・本契約の解除および損害賠償の請求

（4）受注者は、本条（3）の規定にかかわらず、自己の有する権限のうち現場代理人に委任せず自ら行使しようとするものがあるときは、あらかじめ、当該権限の内容を発注者に書面をもって通知しなければならない。

（5）現場代理人、主任技術者（または監理技術者）および専門技術者は、これを兼ねることができる。

第11条　履行報告

　受注者は、受注者の役務の履行報告につき、契約仕様書に定めがあるときは、その定めに従い発注者に報告しなければならない。

当該第三者の氏名又は名称及び住所並びに担当業務を受注者に通知する。

第10条　主任技術者・監理技術者、現場代理人など

（1）受注者は、建設業法第26条に定める、工事現場における施工の技術上の管理をつかさどる主任技術者又は監理技術者を置き、その氏名を書面をもって発注者に通知する。なお、建設業法第26条第3項ただし書に定める、監理技術者を補佐する者（以下「監理技術者補佐」という。）又は建設業法第26条の2に定める、この工事の施工の技術上の管理をつかさどる者（以下「専門技術者」という。）を置く場合も、同様とする。

（2）受注者は、現場代理人を置く場合は、その氏名を書面をもって発注者に通知する。

（3）現場代理人は、この契約の履行に関し、工事現場の運営、取締りを行うほか、次の各号に定める権限を除き、この契約に基づく受注者のいっさいの権限を行使することができる。

　　a．請負代金額の変更

　　b．工期の変更

　　c．請負代金の請求及び受領

　　d．第12条（1）の請求の受理

　　e．この工事の中止、この契約の解除及び損害賠償の請求

（4）受注者は、本条（3）の規定にかかわらず、自己の有する権限のうち現場代理人に委任せず自ら行使しようとするものがあるときは、あらかじめ、当該権限の内容を発注者に通知しなければならない。

（5）主任技術者（又は監理技術者もしくは監理技術者補佐）、専門技術者及び現場代理人は、これを兼ねることができる。

第11条　履行報告

　受注者は、この契約の履行報告につき、設計図書等に定めがあるときは、その定めに従い発注者に報告しなければならない。

第12条　工事関係者についての異議

（1）発注者は、監理者の意見に基づいて、受注者の現場代理人、主任技術者、監理技術者、監理技術者補佐、専門技術者及び従業員並びに下請負者及びその作業員のうちに、工事の施工又は管理について著しく適当でないと認められる者があるときは、受注者に

第12条　工事下請業者、機材製造業者

　受注者は、工事を遂行する下請業者および機材製造業者を、自らの判断と責任で選定することができる。ただし、契約仕様書で、特定の下請業者または機材製造業者が指定されている場合において、受注者が当該下請業者または機材製造業者を変更しようとするときは、受注者はその変更につき発注者の承認を受けなければならない。なお、当該下請業者または機材製造業者について、複数の候補者リストが契約仕様書に定められているときは、受注者が当該候補者リストの中から選定する限り、当該承認は不要とする。

第13条　材料・機器の検査・試験

（1）受注者は、契約仕様書において検査を受けて使用すべきものと指定されている材料・機器については、当該検査に合格したものを用いるものとし、契約仕様書において試験することを定めたものについては、当該試験に合格したものを使用する。

（2）本条（1）の検査または試験の費用は、受注者の負担とする。ただし、契約仕様書に定めのない検査または試験が必要と認められる場合に、これを行うときは、当該検査または試験に関連して生じる費用は、受注者の責めに帰すべき場合を除き、発注者の負担とする。

（3）工事用地への搬入後に行われた検査または試験に合格しなかった材料・機器は、受注者の責任においてこれを工事用地から引き取る。

（4）材料・機器の品質については、契約仕様書に定めるところによる。契約仕様書にその品質が明示されていないものがあるときは、中等の品質のものとする。

（5）第3項の場合を除き、受注者は、工事用地に搬入した材料・機器を工事用地外に持ち出すときは、発注者の承認を受ける。

対して、その理由を明示した書面をもって、必要な措置をとることを求めることができる。

（2）受注者は、第９条（3）で定められた担当者又は同条（4）で委託された第三者の処置が著しく適当でないと認められるときは、発注者に対して、その理由を明示した書面をもって、必要な措置をとることを求めることができる。

（3）受注者は、監理者の処置が著しく適当でないと認められるときは、その理由を明示した書面をもって、発注者に対して異議を申し立てることができる。

第13条　工事材料、建築設備の機器、施工用機器

（1）受注者は、設計図書等において監理者の検査を受けて使用すべきものと指定された工事材料又は建築設備の機器については、当該検査に合格したものを用いるものとし、設計図書等において試験することを定めたものについては、当該試験に合格したものを使用する。

（2）本条（1）の検査又は試験に直接必要な費用は、受注者の負担とする。ただし、設計図書等に別段の定めのない検査又は試験が必要と認められる場合に、これを行うとき

（3）検査又は試験に合格しなかった工事材料又は建築設備の機器は、受注者の責任においてこれを引き取る。

（4）工事材料又は建築設備の機器の品質については、設計図書等に定めるところによる。設計図書等にその品質が明示されていないものがあるときは、中等の品質のものとする。

（5）受注者は、工事現場に搬入した工事材料又は建築設備の機器を工事現場外に持ち出すときは、発注者（発注者が本項の業務を監理者に委託した場合は、監理者）の承認を受ける。

（6）発注者（発注者が本項の業務を監理者に委託した場合は、監理者）は、施工用機器について明らかに適当でないと認められるものがあるときは、受注者に対してその交換を求めることができる。

第14条　支給品

（1）発注者が受注者に支給または貸与する材料・機器、建設機械、仮設、資材、電力、水等（以下「支給品」という。）の品名、数量、品質、規格、性能、引渡し場所および引渡し時期は、契約仕様書に定めるところによる。

（2）発注者は、契約仕様書に定めるところにより引渡し前に支給品を検査のうえ、引渡し場所において受注者に引き渡す。

（3）受注者は、支給品の引渡しを受けたときは、速やかに、支給品の品名、数量、規格等（性能および品質を除く。）について、外観（梱包されている場合は梱包された状態での外観）および添付関連書類が当該支給品に対応するものであるか否かを確認のうえ、発注者に受領書を提出する。ただし、受注者は、当該確認の結果、支給品のうち契約仕様書の定めと異なるもの、または使用することが適当でないと認めたものがあるときは、その旨を遅滞なく書面をもって発注者に通知する。

（4）発注者は、本条（3）の通知を受けた場合、速やかに当該支給品を修補し、または取替えなければならない。

（5）本条（1）の定めにかかわらず、発注者は、受注者が必要と認めるときは、受注者と協議のうえ、支給品の品名、数量、品質、規格、性能、引渡し場所および引渡し時期を変更する。

（6）受注者は、引渡しを受けた支給品につき、善良なる管理者の注意をもって保管し、使用する。

（7）受注者は、発注者から支給を受けた支給品のうち不要となったもの（残材を含む。いずれも有償支給品を除く。）および貸与された支給品につき、別途定められた時期および方法に従って発注者に返還するものとし、その定めのない場合は本プラントの引渡し後遅滞なく工事用地内において発注者に返還するものとする。

（8）受注者は、支給品の引渡しを受けた後、当該支給品につき不具合が明らかになったとき、またはこれを使用することが適当でないと判断したときは、ただちに書面をもってその旨を発注者に通知し、この通知を受けた発注者は、本条（3）における受注者の受領書の提出、支給品の確認または通知の有無にかかわらず、速やかに当該支給品を修補しまたは取替えるほか、当該支給品が既に施工済みの場合、当該修補または取替え等に要する一切の費用を負担する。

第15条　発注者の立会い

（1）契約仕様書において、機器の出荷に先立ち、当該機器の検査に発注者が立会いすることができる旨定められている場合、受注者は、発注者に対し、受注者が予定する検査日の相当期間前までに、立会いの受け入れが可能である旨の通知を行う。

（2）契約仕様書において、特定の工事の実施または検査に発注者が立会いすることがで

第14条　支給材料、貸与品

（1）発注者が支給する工事材料もしくは建築設備の機器（以下あわせて「支給材料」という。）又は貸与品は、発注者の負担と責任であらかじめ行う検査又は試験に合格したものとする。

（2）受注者は、本条（1）の検査又は試験の結果について疑義のあるときは、発注者に対して、その理由を付して再検査又は再試験を求めることができる。

（3）受注者は、支給材料又は貸与品の引渡しを受けたのち、本条（1）又は（2）の検査又は試験により発見することが困難であった、種類、品質又は数量に関してこの契約の内容に適合しないこと等が明らかになるなど、これを使用することが適当でないと認められる理由のあるときは、直ちにその旨を発注者（発注者が本条（1）又は（2）の検査等を監理者に委託した場合は、監理者）に通知し、その指示を求める。

（4）支給材料又は貸与品の受渡し期日は工程表によるものとし、その受渡し場所は、設計図書等に別段の定めのないときは工事現場とする。

（5）受注者は、支給材料又は貸与品について、善良な管理者としての注意をもって保管し、使用する。

（6）支給材料の使用方法について、設計図書等に別段の定めのないときは、発注者（発注者が本項の業務を監理者に委託した場合は、監理者）の指示による。

（7）不用となった支給材料（残材を含む。いずれも有償支給材料を除く。）又は使用済みの貸与品の返還場所は、設計図書等に別段の定めのないときは工事現場とする。

第15条　発注者等の立会い

（1）受注者は、設計図書等に発注者又は監理者（以下本条において「発注者等」という。）の立会いのうえ施工することを定めた工事を施工するときは、事前に発注者等に通知する。

（2）受注者は、発注者等の指示があったときは、本条（1）の規定にかかわらず、発注

きる旨定められている場合、受注者は、発注者に対し、受注者が予定する当該工事の実施日または受注者が予定する検査日の相当期間前までに、立会いの受け入れが可能である旨の通知を行う。

（3）本条（1）または（2）に基づく受注者から発注者への通知にもかかわらず、予定検査日または予定実施日に発注者が立会いを実施しなかった場合には、別途仕様書に記載のない限り、受注者は、発注者の立会いなく、当該機器を検査した後に出荷し、または当該工事を実施もしくは検査することができる。この場合、受注者は、実施または検査の記録を整備して、後日発注者に提出する。

第16条　発注者の提供する図面、仕様書

（1）発注者は、本契約に基づいて発注者が提供する図面、仕様書（契約仕様書中の図面、仕様書で発注者が提供したものを含む。以下「発注者の図面・仕様書」という。）の内容が正確であることを保証する。

（2）受注者は、発注者の図面・仕様書の内容に疑義を生じたとき、または誤謬、脱漏等を発見したときは、ただちに書面をもって発注者に通知する。

（3）発注者は、本条（2）の通知を受けたとき、ただちに調査を行い、書面をもって受注者に対して適切な指示を与える。発注者自ら本条（2）の疑義を生じ、または発見したときも同様とする。

（4）工事用地の状態、地質、湧水、施工上の制約などについて発注者の図面・仕様書に示された施工条件が実際と相違するとき、または、工事用地の地下条件などについて土壌汚染、地中障害物、埋蔵文化財、その他予期することのできない状態が発見されたときは、その対応について発注者および受注者間で協議する。

（5）本条（3）の指示または（4）の協議によって、必要があると認められるときは、発注者または受注者は、相手方に対し、受注者の役務の内容、完成期日または契約金額の変更を請求することができる。

第17条　承認図面または契約仕様書のとおりに実施されていない受注者の役務

（1）受注者の役務について、承認図面または契約仕様書のとおりに実施されていない部分があると試運転準備の完了前に認められる場合、受注者は、発注者の指示によって、または自ら、受注者の費用負担にて速やかにこれを修補または取替えを行う。この場合、受注者は、完成期日の延長を請求することはできない。

（2）施工について、試運転準備の完了前に、承認図面または契約仕様書のとおりに実施されていないと認められる相当の理由がある場合、発注者は、その理由を受注者に通知のうえ、合理的に必要な範囲で、既に実施した施工の状態を変更してその部分を検査す

者等の立会いなく施工することができる。この場合、受注者は、工事写真などの記録を整備して発注者等に提出する。

第16条　設計及び施工条件の疑義、相違など

（1）受注者は、次の各号の一にあたることを発見したときは、直ちに書面をもって発注者又は監理者に通知する。

　ａ．設計図書等の表示が明確でないこと、又は設計図書等に明らかな、矛盾、誤謬、脱漏又は不適切な納まり等があること。

　ｂ．工事現場の状態、地質、湧水、施工上の制約などについて、設計図書等に示された施工条件が実際と相違すること。

　ｃ．工事現場において、土壌汚染、地中障害物、埋蔵文化財など施工の支障となる予期することのできない事態が発生したこと。

（2）受注者は、工事用図書又は監理者の指示によって施工することが適当でないと認めたときは、直ちに書面をもって発注者又は監理者に通知する。

（3）発注者（発注者が本項の業務を監理者に委託した場合は、監理者）は本条（1）もしくは（2）の通知を受けたとき、又は自ら本条（1）各号の一にあたることを発見したときは、直ちに書面をもって受注者に対して指示する。

（4）本条（3）の場合、発注者又は受注者は、相手方に対し、必要と認められる、工期の変更又は請負代金額の変更を求めることができる。

第17条　工事用図書のとおりに実施されていない施工

（1）施工について、工事用図書のとおりに実施されていない部分があると認められるときは、監理者の指示によって、受注者は、その費用を負担して速やかにこれを修補又は改造する。このために受注者は、工期の延長を求めることはできない。

（2）発注者又は監理者は、工事用図書のとおりに実施されていない疑いのある施工について、必要と認められる相当の理由があるときは、その理由を受注者に通知のうえ、必要な範囲で破壊してその部分を検査することができる。

（3）本条（2）による破壊検査の結果、工事用図書のとおりに実施されていないと認め

ることができる。

（3）本条（2）による検査の結果、承認図面または契約仕様書のとおりに実施されていないと認められる場合は、その変更、検査およびその復旧に要する費用は受注者の負担とする。

（4）本条（2）による検査の結果、承認図面または契約仕様書のとおりに実施されていると認められる場合は、その変更、検査およびその復旧に要する費用は発注者の負担とする。この場合において、受注者は、発注者に対し、必要と認められる完成期日の延長を請求することができる。

（5）本条（1）、（2）および（3）の規定にかかわらず、承認図面または契約仕様書のとおりに実施されていない受注者の役務が次の各号の一によって生じたと認められる場合は、受注者は、その責任を負わない。

　a．発注者の指示（発注者の図面・仕様書を含む。）によるとき。

　b．支給品の性質、不具合など支給品によるとき。

　c．発注者が指定した材料・機器によるとき。

　d．その他発注者の責めに帰すべき事由によるとき。

（6）本条（5）のときであっても、受注者の故意または重大な過失によるとき、または受注者がその適当でないことを知りながらあらかじめ発注者に通知しなかったときは、受注者は、その責任を免れない。ただし、受注者がその適当でないことを通知したにもかかわらず、発注者が相当な期間内に適切な指示をしなかったとき、または、適切な措置をとらなかったときはこの限りではない。

第18条　損害の防止

　受注者は、本プラントの引渡しまで、本プラントの出来形部分、材料・機器、近接する工作物または第三者に対する損害の防止に必要な措置をとる。かかる措置は、契約仕様書と関係法令に従い、かつ、建設工事と周辺環境に相応したものとする。

（2）本プラントに近接する工作物の保護またはこれに関連する措置で、発注者および受注者が協議して、本条（1）の措置の範囲を超える費用は発注者の負担とする。

（3）受注者は、災害防止などのため特に必要と認めたときは、あらかじめ発注者の意見を求めて臨機の措置をとる。ただし、急を要するときは、措置をとったのち発注者に通知する。

（4）発注者が必要と認めて臨機の措置を求めたときは、受注者は、ただちにこれに応ずる。

（5）本条（3）または（4）の措置に要した費用の負担については、発注者および受注者が協議して、契約金額に含むことが適当でないと認めたものの費用は発注者の負担とする。

られる場合は、破壊検査に要する費用は受注者の負担とする。

（４）本条（２）による破壊検査の結果、工事用図書のとおりに実施されていると認められる場合は、破壊検査及びその復旧に要する費用は発注者の負担とし、受注者は、発注者に対してその理由を明示して必要と認められる工期の延長を請求することができる。

（５）次の各号の一によって生じた工事用図書のとおりに実施されていないと認められる施工については、受注者は、その責任を負わない。

　ａ．発注者又は監理者の指示によるとき。

　ｂ．支給材料、貸与品、工事用図書に指定された工事材料もしくは建築設備の機器の性質又は工事用図書に指定された施工方法によるとき。

　ｃ．第13条（１）又は（２）の検査又は試験に合格した工事材料又は建築設備の機器によるとき。

　ｄ．その他、この工事について発注者又は監理者の責めに帰すべき事由によるとき。

（６）本条（５）のときであっても、施工について受注者の故意もしくは重大な過失によるとき、又は受注者がその適当でないことを知りながらあらかじめ発注者もしくは監理者に通知しなかったときは、受注者は、その責任を免れない。ただし、受注者がその適当でないことを通知したにもかかわらず、発注者又は監理者が適切な指示をしなかったときはこの限りでない。

（７）受注者は、監理者から工事を工事用図書のとおりに実施するよう求められた場合において、これに従わない理由があるときは、建設業法第23条の２の定めに従い、直ちにその理由を書面で発注者に報告しなければならない。

第18条　損害の防止

（１）受注者は、本プラントの引渡しまで、本プラントの出来形部分、材料・機器、近接する工作物または第三者に対する損害の防止に必要な措置をする。かかる措置は、契約仕様書と関係法令に従いかつ、建設工事と周辺環境に相応したものとする。

（２）本プラントに近接する工作物の保護またはこれに関連する措置で、発注者および受注者が協議して、本条（１）の措置の範囲を超える費用は発注者の負担とする。

（３）受注者は、災害防止などのため特に必要と認めたときは、あらかじめ発注者の意見を求めて臨機の措置をとる。ただし、急を要するときは、処置をしたのち発注者に通知する。

（４）発注者が必要と認めて臨機の措置を求めたときは、受注者は、ただちにこれに応ずる。

（５）本条（３）または（４）の処置に要した費用の負担については、請負代金額に含むことが適当でないと認められるものの費用は発注者の負担とする。

第19条　第三者損害

（1）受注者は、受注者の役務の履行において第三者に損害を及ぼしたときは、その損害を賠償する。ただし、その損害のうち受注者が善良な管理者としての注意を払っても避けることができない騒音、振動その他の本プラントの特質による事由、または発注者の責めに帰すべき事由により生じたものについては、発注者の負担とする。

（2）本条（1）の場合、その他受注者の役務の履行について第三者との間に紛争が生じたときは、受注者がその処理解決にあたる。ただし、受注者が要請する場合は、発注者は、受注者に協力する。

（3）本条（1）または本条（2）にかかわらず、本プラントに基づく日照阻害、風害、電波障害その他発注者の責めに帰すべき事由により、第三者との間に紛争が生じたとき、または損害を第三者に与えたときは、発注者がその処理解決にあたり、必要あるときは、受注者は、発注者に協力する。この場合、第三者に与えた損害を補償するときは、発注者がこれを負担する。

（4）本条（1）ただし書き、本条（2）（ただし、受注者の責めに帰すことのできない事由による場合に限る）、または本条（3）の場合において、完成期日の延長が必要となったときは、受注者は、発注者に対して、必要と認められる完成期日の延長を請求することができる。

第20条　本プラント等に生じた損害

（1）本プラントの引渡しまたは第25条（1）に定める部分引渡しまでに、本プラントの出来形部分、材料・機器、その他受注者の役務一般について生じた損害は、受注者の負担とし、完成期日は延長しない。ただし、本契約に別段の定めがある場合にはその定めによることとし、また、発注者の責めに帰すべき事由により生じた損害については、発注者がこれを負担し、受注者は必要と認められる完成期日の延長を請求することができる。

（2）火災・爆発等の危険によって、第22条に基づき受注者の付保する保険で回収できない損害が発注者の所有する工作物に発生した場合には、受注者の故意または重過失による場合を除き、その原因のいかんを問わず、発注者がこれを負担する。

第19条 第三者損害

（1）施工のため第三者に損害を及ぼしたときは、受注者がその損害を賠償する。ただし、その損害のうち発注者の責めに帰すべき事由により生じたものについては、発注者の負担とする。

（2）本条（1）の規定にかかわらず、施工について受注者が善良な管理者としての注意を払っても避けることができない騒音、振動、地盤沈下、地下水の断絶などの事由により第三者に与えた損害を補償するときは、発注者がこれを負担する。

（3）本条（1）又は（2）の場合、その他施工について第三者との間に紛争が生じたときは、受注者がその処理解決にあたる。ただし、受注者だけで解決し難いときは、発注者は、受注者に協力する。

（4）この契約の目的物に基づく日照阻害、風害、電波障害その他発注者の責めに帰すべき事由により、第三者との間に紛争が生じたとき、又は損害を第三者に与えたときは、発注者がその処理解決にあたり、必要あるときは、受注者は、発注者に協力する。この場合、第三者に与えた損害を補償するときは、発注者がこれを負担する。

（5）本条（1）ただし書、（2）、（3）又は（4）の場合、受注者は、発注者に対してその理由を明示して必要と認められる工期の延長を請求することができる。

第20条 施工について生じた損害

（1）この工事の完成引渡しまでに、この契約の目的物、工事材料、建築設備の機器、支給材料、貸与品、その他施工について生じた損害は、受注者の負担とし、工期は延長しない。

（2）本条（1）の損害のうち、次の各号の一の場合に生じたものは、発注者の負担とし、受注者は、発注者に対してその理由を明示して必要と認められる工期の延長を求めることができる。

　　ａ．発注者の都合によって、受注者が着手期日までにこの工事に着手できなかったとき、又は発注者がこの工事を繰延べもしくは中止したとき。

　　ｂ．支給材料又は貸与品の受渡しが遅れたため、受注者がこの工事の手待又は中止をしたとき。

　　ｃ．前払又は部分払が遅れたため、受注者がこの工事に着手せず又はこの工事を中止したとき。

　　ｄ．その他、発注者又は監理者の責めに帰すべき事由によるとき。

第21条　特別危険による損害

　第20条（1）の規定にかかわらず、戦争・内乱・テロ・暴動・労働争議・原子力危険・放射能汚染・地震・噴火・津波によって、本プラントの出来形部分および工事用地に搬入された材料・機器（支給品を含む。）について生じた損害は、発注者が負担し、受注者は必要と認められる完成期日の延長を請求することができる。ただし、受注者が善良な管理者としての注意を怠ったために増大した損害については、受注者が負担する。

第22条　損害保険

　受注者は、遅くとも工事用地にいずれかの材料・機器（支給品を含む。以下本条において同じ。）を搬入するまでに、本プラントの出来形部分と工事用地に搬入された材料・機器、発注者の所有する工作物等について、組立保険、建設工事保険、賠償責任保険その他の保険を、工事等請負契約書第6条（特記事項）に基づき付保する。受注者は、その証券の写しまたは付保証明を発注者に対し、遅滞なく提出する。

第23条　試運転準備の完了、検査、引渡し

（1）受注者は、試運転準備が完了したと判断したとき、発注者に検査を求める。

（2）発注者は、本条（1）の受注者の求めがある場合、契約仕様書に定める方法および期間内（期間の定めがない場合には受注者の請求から14日以内）に、受注者の立会いのもとに検査を行い、その結果を受注者に書面をもって通知する。

（3）本条（2）の検査に合格したとき、本条（1）により受注者が当該検査を求めた日をもって試運転準備が完了したものとする。

（4）本条（2）に定める期間内に発注者が検査の結果を受注者に通知しないときは、検査に合格したものとみなす。

（5）本条（2）の検査に合格しない場合には、発注者はその理由を明示して受注者に通知するものとする。

（6）本条（5）の通知があった場合、受注者は、その理由とされた箇所の修補または取替えを行い、本条（1）に従い、発注者の再検査を求める。ただし、修補または取替えに過分の費用を要する場合、または完成期日までに修補または取替えを行うことができないと受注者が判断するときは、発注者および受注者間の協議により措置を決定する。

第21条　不可抗力による損害

（1）天災その他自然的又は人為的な事象であって、発注者と受注者のいずれの責めにも
　　帰することのできない事由（以下「不可抗力」という。）によって、この工事の出来形
　　部分、工事仮設物、工事現場に搬入した工事材料、建築設備の機器（有償支給材料を含
　　む。）又は施工用機器について損害が生じたときは、受注者は、事実発生後速やかにそ
　　の状況を発注者に通知する。

（2）本条（1）の損害について、発注者及び受注者が協議して重大なものと認め、かつ、
　　受注者が善良な管理者としての注意をしたと認められるものは、発注者がこれを負担す
　　る。

（3）火災保険、建設工事保険その他損害をてん補するものがあるときは、それらの額を
　　本条（2）の発注者の負担額から控除する。

第22条　損害保険

（1）受注者は、この工事の施工中、この工事の出来形部分と工事現場に搬入した、工事
　　材料、建築設備の機器などに火災保険又は建設工事保険を付し、その証券の写しを発注
　　者に提出する。設計図書等に定められたその他の損害保険についても同様とする。

（2）受注者は、この契約の目的物、工事材料、建築設備の機器などに本条（1）の規定
　　による保険以外の保険を付したときは、速やかにその旨を発注者に通知する。

第23条　完成、検査

（1）受注者は、この工事を完了したときは、設計図書等のとおりに実施されていること
　　を確認して、発注者に対し、検査（発注者が立会いを監理者に委託した場合は、監理者
　　立会いのもとに行う検査）を求める。

（2）本条（1）の検査に合格しないときは、受注者は、工期内又は発注者（発注者が本
　　項の業務を監理者に委託した場合は、監理者）の指定する期間内に修補又は改造して、
　　発注者に対し、検査（発注者が立会いを監理者に委託した場合は、監理者立会いのもと
　　に行う検査）を求める。

（3）受注者は、工期内又は設計図書等の指定する期間内に、仮設物の取払、あと片付け
　　などの処置を行う。ただし、処置の方法について発注者（発注者が本項の業務を監理者
　　に委託した場合は、監理者）の指示があるときは、当該指示に従って処置する。

（4）本条（3）の処置が遅れているとき、催告しても正当な理由がなく、なお行われな
　　いときは、発注者（発注者が本項の業務を監理者に委託した場合は、監理者）は、代わ
　　ってこれを行い、その費用を受注者に請求することができる。

第Ⅲ部　民間連合約款との対照表

（7）本条（6）の規定にかかわらず、検査に合格しなかった原因が、受注者の責めに帰すべき事由によらないときは、その修補または取替えに要する費用および損害は、発注者の負担とする。この場合において、受注者は、発注者に対し、必要と認められる完成期日の延長を請求することができる。

（8A）本条に基づく検査に合格したとき、発注者は、ただちに本プラントの引渡しを受ける。

注）受注者が第24B条に定める本プラントの性能保証を行う場合は上記第（8A）項の替わりに次の第（8B）項の規定を適用する。

（8B）本条に基づく検査に合格した後、次の各号の一にあたるとき、発注者は、ただちに本プラントの引渡しを受ける。

　a．第24B条に定める性能保証運転において、契約仕様書に引渡し条件として定められた本プラントの性能に関する保証値（以下「保証値」という。）を満たすことが発注者により確認されたとき。

　b．第24B条に定める性能保証運転において満たされない保証値（性能保証運転が行われないために確認できないものを含む。）について、第24B条（2）ただし書きに基づいて受注者が予定損害賠償金を発注者に支払ったとき、または第24B条（4）に該当するとき。

（9）受注者は、試運転準備の完了時に残っている塗装、保温、保冷、舗装、清掃などの残工事を、試運転開始後に、速やかに完了する。

第24A条　発注者による試運転義務

　発注者は、第23条（8A）に基づく引渡しを受けた後、契約仕様書に定めるところにより、遅滞なく本プラントの試運転を行う。受注者は、この試運転に立会うとともに、増締めその他の助勢を行う。

第23条の2　法定検査

（1）第23条の規定にかかわらず、受注者は、法定検査（建築基準法第７条から同法第７条の４までに定められる検査その他設計図書等に定める法令上必要とされる関係機関による検査のうち、発注者が申請者となっているものをいう。以下同じ。）に先立つ適切な時期に、この工事の内容が設計図書等のとおりに実施されていることを確認して、発注者に対し、検査（発注者が立会いを監理者に委託した場合は、監理者立会いのもとに行う検査）を求める。

（2）本条（1）の検査に合格しないときは、受注者は、工期内又は発注者（発注者が本項の業務を監理者に委託した場合は、監理者）の指定する期間内に修補又は改造して、発注者に対し、検査（発注者が立会いを監理者に委託した場合は、監理者立会いのもとに行う検査）を求める。

（3）発注者は、受注者及び監理者立会いのもと、法定検査を受ける。この場合において、受注者は、必要な協力をする。

（4）法定検査に合格しないときは、受注者は、修補、改造その他必要な処置を行い、その後については、本条（1）、（2）及び（3）の規定を準用する。

（5）本条（2）及び（4）の規定にかかわらず、所定の検査に合格しなかった原因が受注者の責めに帰すことのできない事由によるときは、必要な処置内容につき、発注者、受注者が協議して定める。

（6）受注者は、発注者に対し、本条（5）の協議で定められた処置の内容に応じて、その理由を明示して必要と認められる工期の延長又は請負代金額の変更を求めることができる。

第23条の3　その他の検査

（1）受注者は、第23条、第23条の2及び第25条に定めるほか、設計図書等に発注者又は監理者の検査を受けることが定められているときは、当該検査に先立って、この工事の内容が設計図書等のとおりに実施されていることを確認して、発注者又は監理者に通知し、発注者又は監理者は、速やかに受注者の立会いのもとに検査を行う。

（2）本条（1）の検査に合格しないときは、受注者は、速やかに修補又は改造して、発注者又は監理者の検査を求める。

注）受注者が本プラントの試運転・性能保証を行う場合は上記第24A条の規定の替わりに下記第24B条を適用する。

第24B条　受注者の試運転義務と性能保証

（1）第23条の検査に合格した後、受注者は、契約仕様書に定めるところにより、遅滞なく本プラントの試運転（契約仕様書に定める条件のもとで行われる性能保証運転（以下「性能保証運転」という。）を含む。以下同じ。）を行う。この場合、発注者は、当該試運転に立会うとともに、適切な資格・能力のある運転要員、原料、ユーティリティー、その他試運転に必要な用品および設備を発注者の負担と責任において供給する。

（2）受注者の責めに帰すべき事由により、性能保証運転を行うことができない、または第1回もしくはそれ以降の性能保証運転において保証値のいずれかが満たされない場合、受注者は、本プラントにつき、自ら必要と認める改造、修補または取替え等を行い、再度性能保証運転を行う。ただし、第2回目以降の性能保証運転において保証値のいずれかが満たされない場合であっても、契約仕様書に定める最低限の性能値が満たされている限り、受注者は、第2回目の性能保証運転開始時以降いつでも契約仕様書に定める予定損害賠償金を発注者に支払うことにより、当該保証値が満たされないことに関する一切の責任を免れることができる。

（3）受注者の責めに帰すことのできない事由により、性能保証運転を行うことができない、または第1回もしくはそれ以降の性能保証運転において保証値のいずれかが満たされない場合、発注者は、それぞれ本条（5）に定める期間内に、自ら費用を負担して、必要と認める措置を自ら行いまたは受注者に行わせ、その後受注者に対し性能保証運転を行うことを要求できる。

（4）本条（3）において、本条（5）に定める期間内に、発注者が必要な措置を完了させることができない場合、受注者は当該保証値が満たされないことに関する一切の責任を免れる。

（5）本条（3）および本条（4）における期間とは、受注者の責めに帰すことのできない事由により性能保証運転を行うことができない場合には、その事由がなければ性能保証運転を開始したであろうと合理的に推定される日から2ヶ月間とし、同様の事由により第1回またはそれ以降の性能保証運転において保証値のいずれかが満たされない場合には、当該保証値が満たされないことが判明した日から2ヶ月間とする。ただし、当該期間中に、受注者の責めに帰すべき事由による性能保証運転の遅れがある場合、当該期間は、その遅れに相当する日数分延長されるものとする。

第25条　部分引渡し

（1）発注者が本プラントの全部の引渡しを受ける前にその一部引渡しを受ける場合（以下、この場合の引渡しを「部分引渡し」といい、引渡しを受ける部分を「引渡し部分」という。）、契約仕様書の定めによる。契約仕様書に別段の定めのない場合、発注者は、

第24条　部分使用

（1）工事中にこの契約の目的物の一部を発注者が使用する場合（以下「部分使用」という。）、この契約の定めによる。この契約に別段の定めのないときは、発注者は、部分使用に関する監理者の技術的審査を受けたのち、工期の変更及び請負代金額の変更に関す

引渡し部分に相当する契約金額（以下「引渡し部分相当額」という。）の確定に関する受注者との事前協議を経たうえ、受注者の書面による同意を得なければならない。

（2）受注者は、引渡し部分の試運転準備が完了したと判断したとき、発注者に検査を求める。

（3）本条（2）の検査に関する手続きについては、第23条の規定を準用する。

（4A）本条（2）の検査に合格したとき、発注者は、引渡し部分相当額全額の支払いを完了すると同時に、当該引渡し部分の引渡しを受けることができる。

　注）受注者が第24B条に定める本プラントの性能保証を行う場合は上記第（4A）項の替わりに次の第（4B）項の規定を適用する。

（4B）本条（2）の検査に合格した後、受注者は、引渡し部分に関し、試運転を行う。この場合、第23条（8B）および第24B条を準用し、発注者は、当該引渡し部分の引渡しを受けるときは、引渡し部分相当額全額の支払いを完了する。

（5）部分引渡しにつき、法令に基づき必要となる手続きがある場合は、当該手続きは発注者が行い、受注者はこれに協力する。また、当該手続きに要する費用は、発注者の負担とする。

第26条　部分使用

（1）本プラント全部の引渡し前に本プラントの一部を発注者が使用する場合（以下「部分使用」という。）、契約仕様書の定めによる。契約仕様書に別段の定めのない場合、発注者は、受注者の書面による同意を得たうえ、受注者の示す条件に従って部分使用を行う。

（2）本条（1）の部分使用により、必要があると認められるときは、発注者または受注者は、相手方に対し、受注者の役務の内容、完成期日および契約金額の変更を請求することができる。

（3）部分使用につき、法令に基づき必要となる手続きがある場合は、当該手続きは発注者が行い、受注者はこれに協力する。また、当該手続きに要する費用は、発注者の負担とする。

る受注者との事前協議を経たうえ、受注者の書面による同意を得なければならない。

（2）発注者は、部分使用する場合、受注者の指示に従って使用しなければならない。

（3）発注者は、本条（2）の指示に違反し、受注者に損害を及ぼしたときは、その損害を賠償しなければならない。

（4）部分使用につき、法令に基づいて必要となる手続は、発注者（発注者が本項の手続を監理者に委託した場合は、監理者）が行い、受注者は、これに協力する。また、手続に要する費用は、発注者の負担とする。

第25条　部分引渡し

（1）この工事の完成に先立って発注者がこの契約の目的物の一部引渡しを受ける場合、この契約の定めによる。この契約に別段の定めのないときは、発注者は、部分引渡しに関する監理者の技術的審査を行わせ、引渡し部分に相当する請負代金額（以下「引渡し部分相当額」という。）の確定に関する受注者との事前協議を経たうえ、受注者の書面による同意を得なければならない。

（2）受注者は、引渡し部分の工事が完了したとき、設計図書等のとおりに実施されていることを確認して、発注者に対し、検査（発注者が立会いを監理者に委託した場合は、監理者立会いのもとに行う検査）を求める。

（3）本条（2）の検査に合格しないとき、受注者は、速やかに修補又は改造し、発注者に対し、検査（発注者が立会いを監理者に委託した場合は、監理者立会いのもとに行う検査）を求める。

（4）引渡し部分の工事が本条（2）又は（3）の検査に合格したとき、発注者は、引渡し部分相当額全額の支払を完了すると同時に、その引渡しを受けることができる。

（5）部分引渡しにつき、法令に基づいて必要となる手続は、発注者（発注者が本項の手続を監理者に委託した場合は、監理者）が行い、受注者は、これに協力する。また手続に要する費用は、発注者の負担とする。

第27条　契約不適合

（1）受注者は、本プラントについて、種類または品質に関して本契約の内容に適合しないもの（以下「不適合」という。）でないことを保証する。

（2）本条（1）の定めにかかわらず、受注者は、本プラントによって生産される物の品質および量ならびに生産に使用する原料およびユーティリティーなどの消費量については保証しない。ただし、第24B条が適用される場合は、その定めの限度で保証し、当該保証については、本条を適用しない。

（3）本条（1）の保証期間は、本プラントの引渡し後（部分引渡しが行われた場合、当該引渡し部分についてはその引渡し後）1年間とする。ただし、本プラントのうち、基礎ならびに建屋の躯体については、2年間とする。本項または本条（7）の保証期間（以下「本保証期間」という。）の終了後に発見された不適合に関して受注者は責任を負わない。受注者は発注者から本条（4）に従った請求がなされた場合、本保証期間が終了した後においては当該請求の根拠となる不適合に関し、当該請求および本条（6）に従ってなされる請求以外に何らの責任も負わない。

第26条　請求、支払、引渡し

（1）第23条（1）又は（2）の検査に合格した場合、この契約に別段の定めのあるとき
　　を除き、受注者は、発注者にこの契約の目的物を引き渡し、同時に、発注者は、受注者
　　に請負代金の支払を完了する。

（2）受注者は、この契約に定めるところにより、この工事の完成前に部分払を請求する
　　ことができる。この部分払が、出来高払である場合、受注者の請求額はこの契約に別段
　　の定めのあるときを除き、発注者又は監理者の検査に合格したこの工事の出来形部分と
　　検査済みの工事材料及び建築設備の機器に対する請負代金額の9／10に相当する額とす
　　る。

（3）受注者が本条（2）の出来高払の支払を求めるときは、その額について監理者の審
　　査を経たうえ支払請求締切日までに発注者に請求する。

（4）前払を受けているときは、本条（2）の出来高払の請求額は、次の式によって算出
　　する。

　　　請求額≒（2）による金額×（請負代金額－前払金額）÷請負代金額

（5）発注者が本条（1）の引渡しを受けることを拒み、又は引渡しを受けることができ
　　ない場合において、受注者は、引渡しを申し出た時からその引渡しをするまで、自己の
　　財産に対するのと同一の注意をもって、この契約の目的物を保存すれば足りる。

（6）本条（5）の場合において、受注者が自己の財産に対するのと同一の注意をもって
　　管理したにもかかわらずこの契約の目的物に生じた損害及び受注者が管理のために特に
　　要した費用は、発注者の負担とする。

第27条　契約不適合責任

（1）発注者は、引き渡されたこの契約の目的物に契約不適合があるときは、受注者に対
　　し、書面をもって、目的物の修補又は代替物の引渡しによる履行の追完を請求すること
　　ができる。ただし、その履行の追完に過分の費用を要するときは、発注者は履行の追完
　　を請求することができない。

（2）本条（1）本文の場合において、受注者は、発注者に不相当な負担を課するもので
　　ないときは、発注者が請求した方法と異なる方法による履行の追完をすることができ
　　る。

（3）本条（1）本文の場合において、発注者が相当の期間を定めて、書面をもって、履
　　行の追完の催告をし、その期間内に履行の追完がないときは、発注者は、その不適合の
　　程度に応じて、書面をもって、代金の減額を請求することができる。ただし、次の各号
　　のいずれかに該当する場合は、催告をすることなく、直ちに代金の減額を請求すること
　　ができる。

　ａ．履行の追完が不能であるとき。

（4）本保証期間内に、不適合が発見された場合、発注者はただちに書面をもって受注者に通知し、当該通知により、または、当該通知後に別の書面により受注者に対し、当該不適合の修補または取替えによる無償での履行の追完、損害賠償または第31条（2）に基づく契約の解除を請求できる。発注者が相当の期間を定めて書面をもって履行の追完の催告をし、その期間内に履行の追完のない場合は、発注者は不適合の程度に応じた契約金額の減額を求めることができる。受注者が履行を追完する場合、発注者は、受注者が可能な限り速やかに必要な修補または取替えを行うことができるように協力する。

（5）本条（4）にかかわらず、不適合が重要でない場合において、履行の追完に過分の費用を要する場合は受注者は履行の追完を要しない。また、不適合が本契約および取引上の社会通念に照らして受注者の責めに帰すことができない事由による場合、発注者は損害賠償の請求をすることができない。

（6）いかなる場合も、本条（4）の発注者の請求が、本保証期間終了後30日、または当該不適合を発見したときから90日を経過した後に行われた場合、本保証期間内に発見された不適合であっても受注者は当該不適合に関し責任を負わない。ただし、本条（4）に従う履行の追完の請求または催告が本項の期限内になされ、当該履行の追完の不履行に関する損害賠償の請求または契約金額の減額請求がなされる場合に限り、本保証期間の終了後180日以内になされた当該損害賠償請求または契約金額減額請求は本項の期限内になされたものとみなす。

（7）本条（4）の規定により、履行の追完が行われたとき、受注者は、当該部分について、その追完完了の日から、さらに1年間、不適合のないことを保証する。本項による保証期間はいかなる場合も本プラントの引渡し後（部分引渡しが行われた場合、当該引渡し部分についてはその引渡し後）2年間を超えないものとする。ただし、基礎ならびに建屋の躯体については、3年を超えないものする。また、本項の適用により基礎ならびに建屋の躯体について保証期間が引渡し後2年間より短縮されることはない。

（8）本条の定めにかかわらず、不適合が次の各号の一にあたるときは、受注者は、その責任を負わない。

a．発注者の指示（発注者の図面・仕様書を含む。）によるとき。

b．支給品の性質、不具合など支給品によるとき。

c．発注者が指定した材料・機器によるとき。

d．発注者の不適切な使用に基づくものであるとき。

e．材料・機器の想定される使用、自然現象などにより通常予想される劣化、磨耗、もしくは消損であるとき、またはこれらに起因するとき。

f．その他発注者の責めに帰すべき事由によるとき。

　ｂ．受注者が履行の追完を拒絶する意思を明確に表示したとき。

　ｃ．この契約の目的物の性質又は当事者の意思表示により、特定の日時又は一定の期間
　　内に履行しなければ契約をした目的を達することができない場合において、受注者が
　　履行の追完をしないでその時期を経過したとき。

　ｄ．本項ａ、ｂ及びｃに掲げる場合のほか、発注者が本項本文の催告をしても履行の追
　　完を受ける見込みがないことが明らかであるとき。

第27条の２　契約不適合責任期間等

（１）発注者は、引き渡されたこの契約の目的物に関し、第25条又は第26条の引渡しを受
　　けた日から２年以内でなければ、契約不適合を理由とした第27条に定める履行の追完
　　の請求、代金の減額の請求、第30条（１）に定める損害賠償の請求又は第31条の２
　　（１）もしくは第31条の３（１）に定める契約の解除（以下「請求等」という。）をす
　　ることができない。

（２）本条（１）の規定にかかわらず、建築設備の機器本体、室内の仕上げ・装飾、家具、
　　植栽等の契約不適合については、引渡しの時、発注者が検査して直ちにその履行の追完
　　を請求しなければ、受注者は、その責めを負わない。ただし、当該検査において一般的
　　な注意の下で発見できなかった契約不適合については、引渡しを受けた日から１年を経
　　過する日まで請求等をすることができる。

（３）本条（１）及び（２）の請求等は、具体的な契約不適合の内容、請求する損害額の
　　算定の根拠など当該請求等の根拠を示して、受注者の契約不適合責任を問う意思を明確
　　に告げることで行う。

（４）発注者が本条（１）又は（２）に規定する契約不適合に係る請求等が可能な期間
　　（以下本条において「契約不適合責任期間」という。）の内に契約不適合を知り、その旨
　　を受注者に通知した場合において、発注者が通知から１年が経過する日までに本条（３）
　　に規定する方法による請求等をしたときは、本条（１）又は（２）に規定する契約不適
　　合責任期間内に請求等をしたものとみなす。

（５）発注者は、本条（１）又は（２）に規定する請求等を行ったときは、当該請求等の
　　根拠となる契約不適合に関し、民法の消滅時効の範囲で、当該請求等以外の請求等をす
　　ることができる。

（６）本条（１）、（２）、（３）、（４）及び（５）の規定は、契約不適合が受注者の故意又
　　は重過失により生じたものであるときには適用せず、契約不適合の責任については、民
　　法の定めるところによる。

（７）民法第637条第１項の規定は、契約不適合責任期間については適用しない。

（８）発注者は、この契約の目的物の引渡しの時に、契約不適合があることを知ったとき
　　は、本条（１）の規定にかかわらず、直ちに書面をもってその旨を受注者に通知しなけ
　　れば、当該契約不適合に対する請求等をすることができない。ただし、受注者が当該契

第28条　受注者の役務の変更、完成期日の変更

（1）本契約に別段の定めのある場合のほか、発注者は、必要があるときは、受注者に対し、合理的な範囲で、本プラントの仕様、内容、その他の受注者の役務の変更あるいは完成期日の変更を請求することができる。この場合において、受注者の役務の変更により、完成期日に試運転準備が完了できないと認められるときは、受注者は、必要と認められる完成期日の変更を請求することができる。

（2）受注者は、発注者に対して、受注者の役務の内容または完成期日の変更を提案することができる。この場合、発注者の承諾により、これらの変更が行われるものとする。

（3）本契約に別段の定めのある場合のほか、次の各号の一にあたるとき、受注者は、発注者に対し、必要と認められる受注者の役務の内容または完成期日の変更を請求することができる。

　a．発注者の責めに帰すべき事由によるとき。

　b．不可抗力その他受注者の責めに帰すことのできない事由によるとき。

　c．契約締結後の法令・規則の制定、改訂または廃止によるとき。

　d．その他正当な事由があるとき。

（4）本条（1）または本条（3）aにより受注者が損害を被ったときは、受注者は、発注者に対し、その補償を求めることができる。

第29条　契約金額の変更

　本契約に別段の定めのある場合のほか、次の各号の一にあたるとき、発注者または受注者は、相手方に対し、必要と認められる契約金額の変更を請求することができる。

　a．契約締結後の法令や規則の制定、改訂もしくは廃止、経済事情の激変または不可抗力などにより、契約金額が相当でないと認められるとき。

約不適合があることを知っていたときは、この限りでない。

（9）この契約が、住宅の品質確保の促進等に関する法律（平成11年法律第81号）第94条第1項に規定する住宅新築請負契約である場合には、工事目的物のうち住宅の品質確保の促進等に関する法律施行令（平成12年政令第64号）第5条に定める部分の瑕疵（構造耐力又は雨水の浸入に影響のないものを除く。）について請求等を行うことのできる期間は、第25条又は第26条の引渡しを受けた日から10年とする。この場合において、本条前各項の規定は適用しない。

（10）引き渡されたこの契約の目的物の契約不適合が第17条（5）各号のいずれかの事由により生じたものであるときは、発注者は当該契約不適合を理由として、請求等をすることができない。ただし、第17条（6）本文に該当するときはこの限りでない。

第28条　工事の変更、工期の変更

（1）発注者は、必要によって、この工事に追加し又はこの工事を変更することができる。

（2）発注者は、必要によって、受注者に工期の変更を求めることができる。

（3）発注者は、工期の変更をするときは、変更後の工期をこの工事を施工するために通常必要と認められる期間に比して著しく短い期間としてはならない。

（4）受注者は、発注者に対して、この工事の内容の変更（施工方法等を含む。）及び当該変更に伴う請負代金の増減額を提案することができる。この場合、発注者は、その書面による承諾により、この工事の内容を変更することができる。

（5）本条（1）又は（2）により、受注者に損害を及ぼしたときは、受注者は、発注者に対してその補償を求めることができる。

（6）受注者は、この契約に別段の定めのあるほか、この工事への追加又は変更、不可抗力、関連工事の調整、その他正当な理由があるときは、発注者に対してその理由を明示して必要と認められる工期の延長を請求することができる。

第29条　請負代金額の変更

（1）この契約に別段の定めのあるほか、次の各号の一にあたるときは、発注者又は受注者は、相手方に対して、その理由を明示して必要と認められる請負代金額の変更を求めることができる。

　ａ．この工事の追加又は変更があったとき。

　ｂ．第28条各項により受注者の役務の内容または完成期日が変更された結果、契約金
　　額が相当でないと認められるとき。

第30条　履行遅滞・賠償額の予定・遅延利息
（1）受注者の責めに帰すべき事由により、受注者が完成期日までに試運転準備の完了を
　　達成できないときは、次の各号のとおりとする。
　ａ．完成期日後14日以内に完了したときは、受注者は、遅延に対する一切の責任を免
　　　れる。
　ｂ．完成期日後14日間を超えて完了した場合には、発注者は、受注者に対し、かかる
　　　14日間を超える遅延日数に応じて、契約金額に対し年10パーセントの割合で計算し
　　　た額の予定損害賠償金を請求することができる。ただし、予定損害賠償金の合計額
　　　は、契約金額の5パーセントを上限とする。また、完成期日前に部分引渡しが行われ
　　　た場合には、契約金額から引渡し部分相当額を差し引いた残額に基づいて予定損害賠
　　　償金および上限の金額を算出する。
（2）受注者は、発注者の請求の有無にかかわらず、本条（1）の予定損害賠償金（上限
　　をもって定められる場合には、当該上限の金額）を支払うことによって、遅延に伴う一
　　切の責任を免れることができる。
（3）受注者が本条（1）に規定する上限の予定損害賠償金を支払った場合においても、
　　受注者は、引き続き、速やかに試運転準備の完了を達成する義務および、試運転準備の
　　完了時に試運転に支障のない残工事がある場合は、当該残工事を完了させる義務を負
　　う。
（4）発注者が本契約における支払の全部または一部を完了しないときは、受注者は、発
　　注者に対し、遅滞日数に応じて、支払遅滞額に対し年10パーセントの割合で計算した

　ｂ．工期の変更があったとき。

　ｃ．第３条の関連工事の調整に従ったために増加費用が生じたとき。

　ｄ．支給材料、貸与品について、品目、数量、受渡し時期、受渡し場所又は返還場所の
　　変更があったとき。

　ｅ．契約期間内に予期することのできない法令の制定もしくは改廃又は経済事情の激変
　　などによって、請負代金額が明らかに適当でないと認められるとき。

　ｆ．長期にわたる契約で、法令の制定もしくは改廃又は物価、賃金などの変動によっ
　　て、この契約を締結した時から１年を経過したのちの工事部分に対する請負代金相当
　　額が適当でないと認められるとき。

　ｇ．中止した工事又は災害を受けた工事を続行する場合、請負代金額が明らかに適当で
　　ないと認められるとき。

（２）請負代金額を変更するときは、原則として、この工事の減少部分については監理者
　の確認を受けた請負代金内訳書の単価により、増加部分については変更時の時価によ
　る。

第30条　発注者の損害賠償請求等

（１）発注者は、受注者が次の各号のいずれかに該当する場合は、これによって生じた損
　害の賠償を請求することができる。ただし、当該各号に定める場合がこの契約及び取引
　上の社会通念に照らして受注者の責めに帰することができない事由によるものであると
　きは、この限りでない。

　ａ．受注者が契約期間内にこの契約の目的物を引き渡すことができないとき。

　ｂ．この契約の目的物に契約不適合があるとき。

　ｃ．第31条の２（１）又は第31条の３（１）（ｅを除く。）の規定により、この契約が
　　解除されたとき。

　ｄ．本項ａ、ｂ及びｃに掲げる場合のほか、受注者が債務の本旨に従った履行をしない
　　とき又は債務の履行が不能であるとき。

（２）本条（１）ａに該当し、発注者が受注者に対し損害の賠償を請求する場合の違約金
　（損害賠償の予定。以下「違約金」については同じ。）は、この契約に別段の定めのない
　ときは、遅滞日数に応じて、請負代金額に対し年10パーセントの割合で計算した額と
　する。ただし、工期内に、第25条による部分引渡しのあったときは、請負代金額から
　部分引渡しを受けた部分に相応する請負代金額を控除した額について違約金を算出す
　る。

第30条の２　受注者の損害賠償請求等

（１）受注者は、発注者が次の各号のいずれかに該当する場合は、これによって生じた損

　額の遅延利息を請求することができる。

（5）発注者が前払いまたは中間払いを遅滞しているときは、本条（4）の規定を適用する。

第31条　発注者の中止権・解除権

（1）発注者は、必要によって、書面をもって受注者に通知して、受注者の役務を中止しまたは本契約を解除することができる。この場合、発注者は、これによって生じる受注者の損害を賠償する。

（2）次の各号の一にあたるとき、発注者は、書面をもって受注者に通知して、受注者の役務を中止し、または、書面をもって相当の期間を定めて催告してもなお解消されないときは、本契約を解除することができる。ただし、当該事由が（解除にあっては当該期間を経過した時点において）本契約および取引上の社会通念に照らして軽微であるときはこの限りでない。

　a．受注者が正当な理由なく、本契約の締結後速やかに受注者の役務に着手しないとき。

　b．受注者の役務が、正当な理由なく工程表より著しく遅れ、完成期日後相当期間内に、受注者が試運転準備の完了を達成する見込がないと認められるとき。

　c．受注者が第17条（1）の規定に違反したとき。

　d．引き渡された本プラントに不適合（ただし、第27条の規定に従って受注者が責任を負うものに限る。）が存在し、当該不適合によって本契約の目的を達することができないと認められるとき。

　e．本項a、b、cまたはdのほか、受注者が本契約に違反し、その違反によって本契約の目的を達することができないと認められるとき。

害の賠償を請求することができる。ただし、当該各号に定める場合がこの契約及び取引上の社会通念に照らして発注者の責めに帰することができない事由によるものであるときは、この限りでない。

　ａ．第32条（1）の規定により工事が中止されたとき（ただし、ｄは除く）。

　ｂ．第32条の2（1）及び第32条の3（1）の規定によりこの契約が解除されたとき。

　ｃ．本項ａ又はｂに掲げる場合のほか、発注者が債務の本旨に従った履行をしないとき又は債務の履行が不能であるとき。

（2）発注者が第25条（4）又は第26条の請負代金の支払を完了しないときは、受注者は、発注者に対し、遅滞日数に応じて、支払遅滞額に対し年10パーセントの割合で計算した額の違約金を請求することができる。

（3）発注者が前払又は部分払を遅滞しているときは、本条（2）の規定を適用する。

（4）発注者が本条（2）の遅滞にあるときは、受注者は、この契約の目的物の引渡しを拒むことができる。

（5）第26条（5）及び（6）の規定は、本条（4）の規定による引渡しの拒絶について準用する。

第31条　発注者の任意の中止権及び解除権

（1）発注者は、受注者が工事を完成しない間は、必要によって、書面をもって受注者に通知してこの工事を中止し又はこの契約を解除することができる。この場合、発注者は、これによって生じる受注者の損害を賠償する。

（2）発注者は、書面をもって受注者に通知して、本条（1）で中止されたこの工事を再開させることができる。

（3）本条（1）により中止されたこの工事が再開された場合、受注者は、発注者に対して、その理由を明示して、必要と認められる工期の延長を請求することができる。

（4）本条（1）又は（2）に規定する手続がとられた場合、発注者は、書面をもって監理者に通知し、本条（3）に規定する請求が行われた場合、受注者は、書面をもって監理者に通知する。

第31条の2　発注者の中止権及び催告による解除権

（1）発注者は、この契約に別段の定めのあるほか、次の各号の一にあたる場合は、書面をもって受注者に通知してこの工事を中止し又は書面をもって、受注者に相当の期間を定めてその履行の催告をし、その期間内に履行がないときはこの契約を解除することができる。ただし、当該期間を経過した時における債務の不履行がこの契約及び取引上の社会通念に照らして軽微であるときは、この限りでない。

　ａ．受注者が正当な理由なく、着手期日を過ぎてもこの工事に着手しないとき。

（3）次の各号の一にあたるときは、発注者は、書面をもって受注者に通知して、受注者の役務を中止し、または、何らの催告を要することなく、直ちに本契約を解除することができる。

　a．受注者が第5条の規定に違反したとき。

　b．受注者が建設業の許可を取り消されたとき、またはその許可が効力を失ったとき。

　c．受注者が支払いを停止する（資金不足による手形・小切手の不渡りを出すなど）などにより、受注者が受注者の役務を続行できないおそれがあると認められるとき。

　d．受注者が第32条（4）または（5）の各号の一に規定する理由がないのに本契約の解除を申し出たとき。

　e．受注者が以下の一にあたるとき。

　　イ　役員等（受注者が個人である場合にはその者を、受注者が法人である場合にはその役員またはその支店もしくは常時建設工事の請負契約を締結する事務所の代表者をいう。以下この号において同じ。）が暴力団員による不当な行為の防止等に関する法律第2条第6号に規定する暴力団員または同号に規定する暴力団員でなくなった日から5年を経過しないもの（以下この号において「暴力団員等」という。）であると認められるとき。

　　ロ　暴力団（暴力団員による不当な行為の防止等に関する法律第2条第2号に規定する暴力団をいう。以下この号において同じ。）または暴力団員等が経営に実質的に関与していると認められるとき。

　　ハ　役員等が暴力団または暴力団員等と社会的に非難されるべき関係を有していると認められるとき。

（4）発注者は、書面をもって受注者に通知して、本条（1）、（2）または（3）で中止された受注者の役務を再開させることができる。

（5）本条（1）により中止された受注者の役務が再開された場合、受注者は、発注者に対して、必要と認められる契約金額の変更および完成期日の延長を請求することができる。

（6）本条（2）または（3）の場合、発注者は受注者に損害の賠償を請求することができる。ただし、（3）cに掲げる事由による場合は、この限りでない。

b．この工事が正当な理由なく工程表より著しく遅れ、工期内又は期限後相当期間内
　　に、受注者がこの工事を完成する見込がないと認められるとき。

c．受注者が第17条（1）の規定に違反したとき。

d．受注者が正当な理由なく、第27条（1）の履行の追完を行わないとき。

e．本項a、b、c及びdに掲げる場合のほか、受注者がこの契約に違反したとき。

（2）発注者は、書面をもって受注者に通知して、本条（1）で中止されたこの工事を再
　　開させることができる。

（3）本条（1）又は（2）に規定する手続がとられた場合、発注者は、書面をもって監
　　理者に通知する。

第31条の3　発注者の催告によらない解除権

（1）発注者は、受注者が次の各号のいずれかに該当するときは、書面をもって受注者に
　　通知し直ちにこの契約を解除することができる。

a．受注者が第6条（1）の規定に違反して、請負代金債権を譲渡したとき。

b．この契約の目的物を完成させることができないことが明らかであるとき。

c．受注者が第5条の規定に違反したとき。

d．受注者が建設業の許可を取り消されたとき又はその許可が効力を失ったとき。

e．受注者が支払を停止する（資金不足による手形、小切手の不渡りを出すなど）等に
　　より、この工事を続行することができないおそれがあると認められるとき。

f．引き渡されたこの契約の目的物に契約不適合がある場合において、その契約不適合
　　が目的物を除却した上で再び建設しなければ、この契約の目的を達成することができ
　　ないものであるとき。

g．受注者がこの契約の目的物の完成の債務の履行を拒絶する意思を明確に表示したと
　　き。

h．受注者の債務の一部の履行が不能である場合又は受注者がその債務の一部の履行を
　　拒絶する意思を明確に表示した場合において、残存する部分のみではこの契約をした
　　目的を達することができないとき。

i．この契約の目的物の性質や当事者の意思表示により、特定の日時又は一定の期間内
　　に履行しなければこの契約をした目的を達することができない場合において、受注者
　　が履行をしないでその時期を経過したとき。

j．前各号に掲げる場合のほか、受注者がその債務の履行をせず、発注者が第31条の2
　　（1）の催告をしてもこの契約をした目的を達するのに足りる履行がされる見込みが
　　ないことが明らかであるとき。

k．受注者が第32条の2（1）本文又は第32条の3（1）各号のいずれかに規定する
　　理由がないにもかかわらず、この契約の解除を申し出たとき。

l．受注者が以下の一にあたるとき。

第32条　受注者の中止権・解除権

（1）次の各号の一にあたるとき、受注者は、書面をもって発注者に通知して受注者の役務を中止することができる。ただし、ａないしｄに掲げる事由による場合は、発注者に対し、書面をもって相当の期間を定めて催告してもなお当該事由が解消されないときに限る。

　ａ．発注者が前払または中間払を遅滞したとき。

　ｂ．発注者が正当な理由なく第16条（4）の協議に応じないとき。

　ｃ．発注者の責めに帰すべき事由（発注者が工事用地または支給品を受注者の使用に供することができないときおよび発注者が許認可等の取得または届出を怠ったときを含む。）により、受注者が受注者の役務を履行できないときまたは受注者の役務が著しく遅延したとき。

　ｄ．不可抗力などのため受注者が受注者の役務を履行できないとき。

　ｅ．発注者が支払いを停止する（資金不足による手形・小切手の不渡りを出すなど）などにより、発注者が契約金額の支払い能力を欠くおそれがあると認められるとき。

（2）本条（1）に掲げる各号の事由が解消したときは、受注者は、受注者の役務を再開する。

（3）本条（2）により受注者の役務が再開された場合、受注者は、発注者に対して、必

イ．役員等（受注者が個人である場合にはその者を、受注者が法人である場合にはその役員又はその支店もしくは常時建設工事の請負契約を締結する事務所の代表者をいう。以下この号において同じ。）が暴力団員による不当な行為の防止等に関する法律第２条第６号に規定する暴力団員又は同号に規定する暴力団員でなくなった日から５年を経過しないもの（以下この号において「暴力団員等」という。）であると認められるとき。

ロ．暴力団（暴力団員による不当な行為の防止等に関する法律第２条第２号に規定する暴力団をいう。以下この号において同じ。）又は暴力団員等が経営に実質的に関与していると認められるとき。

ハ．役員等が暴力団又は暴力団員等と社会的に非難されるべき関係を有していると認められるとき。

（２）本条（１）の手続がとられた場合、発注者は、書面をもって監理者に通知する。

第31条の４　発注者の責めに帰すべき事由による場合の解除の制限

　第31条の２（１）各号及び第31条の３（１）各号に定める事由が発注者の責めに帰すべき事由によるものであるときは、発注者は、第31条の２（１）本文及び第31条の３（１）の規定による契約の解除をすることができない。

第32条　受注者の中止権

（１）次の各号の一にあたるとき、受注者は、発注者に対し、書面をもって、相当の期間を定めて催告してもなお解消されないときは、この工事を中止することができる。ただし、ｄの場合は、発注者への催告を要しない。

ａ．発注者が前払又は部分払を遅滞したとき。

ｂ．発注者が第２条の敷地及び工事用地などを受注者の使用に供することができないため、受注者が施工できないとき。

ｃ．本項ａ又はｂのほか、発注者の責めに帰すべき事由によりこの工事が著しく遅延したとき。

ｄ．不可抗力のため、受注者が施工できないとき。

（２）本条（１）における中止事由が解消したときは、受注者は、この工事を再開する。

（３）本条（２）によりこの工事が再開された場合、受注者は、発注者に対してその理由を明示して必要と認められる工期の延長を請求することができる。

（４）発注者が支払を停止する（資金不足による手形、小切手の不渡りを出すなど）等により、請負代金の支払能力を欠くおそれがあると認められるとき（以下本項において「本件事由」という。）は、受注者は、書面をもって発注者に通知してこの工事を中止することができる。この場合において、本件事由が解消したときは、本条（２）及び（３）

要と認められる契約金額の変更および完成期日の延長を請求することができる。

（4）発注者が本契約に違反し、その違反によって本契約の履行ができなくなったと認められるとき、受注者は、発注者に対し、書面をもって相当の期間を定めて催告してもなお解消されないときは、書面をもって発注者に通知して本契約を解除することができる。ただし、当該違反の程度が当該期間を経過した時点において本契約および取引上の社会通念に照らして軽微であるときはこの限りでない。

（5）次の各号の一にあたるときは、受注者は、何らの催告を要することなく、書面をもって発注者に通知して直ちに本契約を解除することができる。

　a．第31条の（1）または本条（1）（eを除く）による受注者の役務の遅延または中止期間が、本契約の締結日から完成期日までの期間の４分の１以上になったときまたは６か月以上になったとき。

　b．発注者が受注者の役務を著しく減少させたため、契約金額が３分の２以上減少したとき。

　c．本条（1）eにあたるとき。

　d．発注者が以下の一にあたるとき。

　　イ　役員等（発注者が個人である場合にはその者を、発注者が法人である場合にはその役員またはその支店もしくは営業所等の代表者をいう。以下この号において同じ。）が暴力団員による不当な行為の防止等に関する法律第２条第６号に規定する暴力団員または同号に規定する暴力団員でなくなった日から５年を経過しないもの（以下この号において「暴力団員等」という。）であると認められるとき。

　　ロ　暴力団（暴力団員による不当な行為の防止等に関する法律第２条第２号に規定する暴力団をいう。以下この号において同じ。）または暴力団員等が経営に実質的に関与していると認められるとき。

　　ハ　役員等が暴力団または暴力団員等と社会的に非難されるべき関係を有していると認められるとき。

（6）本条（1）、（4）または（5）の場合、受注者は発注者に損害の賠償を請求することができる。ただし、（1）eまたは（5）cに掲げる事由による場合は、この限りでない。

を適用する。

（5）本条（1）、（2）、（3）又は（4）に規定するいずれかの手続がとられた場合、受注者は、監理者に書面をもって通知する。

第32条の2　受注者の催告による解除権

（1）受注者は、発注者がこの契約に違反した場合は、書面をもって、相当の期間を定めてその履行の催告をし、その期間内に履行がないときは、この契約を解除することができる。ただし、その期間を経過した時における債務の不履行がこの契約及び取引上の社会通念に照らして軽微であるときは、この限りでない。

（2）本条（1）の手続がとられた場合、受注者は、監理者に書面で通知する。

第32条の3　受注者の催告によらない解除権

（1）受注者は、次の各号のいずれかに該当するときは、書面をもって発注者に通知して直ちにこの契約の解除をすることができる。

a．第31条（1）又は第32条（1）による中止期間が、工期の1／4以上になったとき又は2か月以上になったとき。

b．発注者が工事を著しく減少したため、請負代金額が2／3以上減少したとき。

c．発注者が支払を停止する（資金不足による手形、小切手の不渡りを出すなど）等により、請負代金の支払能力を欠くと認められるとき。

d．本項a、b又はcに掲げる場合のほか、工事の完成が不能であるとき又は発注者がその債務の履行をせず、受注者が第32条の2（1）の催告をしてもこの契約をした目的を達するのに足りる履行がされる見込みがないことが明らかであるとき。

e．発注者が以下の一にあたるとき。

イ．役員等（発注者が個人である場合にはその者を、発注者が法人である場合にはその　役員又はその支店もしくは営業所等の代表者をいう。以下この号において同じ。）が暴力団員による不当な行為の防止等に関する法律第2条第6号に規定する暴力団員又は同号に規定する暴力団員でなくなった日から5年を経過しないもの（以下この号において「暴力団員等」という。）であると認められるとき。

ロ．暴力団（暴力団員による不当な行為の防止等に関する法律第2条第2号に規定する暴力団をいう。以下この号において同じ。）又は暴力団員等が経営に実質的に関与していると認められるとき。

ハ．役員等が暴力団又は暴力団員等と社会的に非難されるべき関係を有していると認められるとき。

（2）本条（1）の手続がとられた場合、受注者は、監理者に書面で通知する。

第33条　解除に伴う措置

（1）引渡し前に、第31条または第32条の規定により本契約が解除されたときは、履行済みの受注者の役務に相当する契約金額を受注者に対する対価として、発注者および受注者が協議して清算する。

（2）引渡し前に、本契約が解除されたときは、発注者および受注者が協議して当事者に属する物件について、期間を定めてその引取・あと片付などの処置を行う。

（3）本条（2）の処置が遅れているとき、催告しても、正当な理由なくなお行わないときは、相手方は、代わってこれを行い、その費用を請求することができる。

（4）引渡し後に本契約が解除されたときは、解除に伴う措置を発注者および受注者が民法の規定に従って協議して定める。

（5）第31条または第32条の規定により本契約が解除された場合においても、第31条（1）後段、同条（6）および第32条（6）のほか、第6条（1）、第7条、第19条（1）および（2）、本条、第34条、第35条ならびに第36条の規定は有効に存続するものとする。

第34条　秘密保持

（1）発注者および受注者は、本契約の履行を通じて知り得た相手方の情報（以下「秘密情報」という。）を、本契約の目的以外には使用してはならない。また、相手方の書面による同意がある場合を除き第三者に漏洩してはならない。

（2）本条（1）の規定にかかわらず、受注者は、受注者の役務を遂行するうえで必要な限度内において、この秘密情報を受注者の工事下請業者、業務受託者、機材製造業者、弁護士、公認会計士または税理士などに開示することができる。この場合、受注者は、当該開示先に対して、あらかじめ適切な秘密保持の義務を負わせる。

（3）次のいずれかにあたる情報については、本条（1）に定める秘密情報にはあたらない。

　a．開示を受けた時点で既に公知であった、または受領した者の責めによらず公知とな

第32条の4　受注者の責めに帰すべき事由による場合の解除の制限

　　第32条（1）各号、第32条の2（1）本文及び第32条の3（1）各号に定める場合が
受注者の責めに帰すべき事由によるものであるときは、受注者は、第32条（1）の規定
による工事の中止並びに第32条の2（1）本文及び第32条の3（1）の規定によるこの
契約の解除をすることができない。

第33条　解除に伴う措置

（1）この工事の完成前にこの契約が解除されたときは、発注者がこの工事の出来形部分
　　並びに検査済みの工事材料及び設備の機器（有償支給材料を含む。）を引き受けるもの
　　とし、発注者が受ける利益の割合に応じて受注者に請負代金を支払わなければならな
　　い。

（2）発注者が第31条の2（1）本文又は第31条の3（1）によってこの契約を解除し、
　　清算の結果過払があるときは、受注者は、過払額について、その支払を受けた日から法
　　定利率による利息をつけて発注者に返還する。

（3）この契約が解除されたときは、発注者及び受注者が協議して発注者又は受注者に属
　　する物件について、期間を定めてその引取り、あと片付けなどの処置を行う。

（4）本条（3）の処置が遅れているとき、催告しても、正当な理由なくなお行われない
　　ときは、相手方は、代わってこれを行い、その費用を請求することができる。

（5）本条（1）に規定する場合において、本条（2）、（3）及び（4）の規定のほか解
　　除に伴い生じる事項の処理については発注者及び受注者が民法の規定に従って協議して
　　決める。

（6）この工事の完成後にこの契約が解除されたときは、解除に伴い生じる事項の処理に
　　ついては発注者及び受注者が民法の規定に従って協議して決める。

ENAA国内プラント約款

ったもの。

　ｂ．相手方から開示を受けたとき、既に自ら保有していたもの。

　ｃ．開示を受けた側の当事者が、のちに第三者から適法に入手したもの。

　ｄ．相手方から開示を受けた秘密情報によらず、独自に開発して得られたもの。

（４）本条（１）の規定にかかわらず、秘密情報を受領した者は、法令などによる開示義
　　務を負い、または裁判所・税務当局・捜査当局などの司法機関・行政当局から正当な権
　　限に基づき秘密情報の開示の要請を受けた場合には、その秘密情報を当該開示義務また
　　は要請の限度内において開示することができる。

第35条　損害の特則

　本契約に関して発注者または受注者が、相手方に損害賠償義務を負う場合（本契約の定
めによる場合のほか不法行為等一切の法律上の原因を含む。）の損害については、本契約
に特別の定めのある場合（第24B条（２）および第30条に定める予定損害賠償金ならびに
第30条に定める遅延利息）はその定めに従い、それ以外のすべての場合は、損害賠償義
務を負う者は、自らの故意または重過失による場合を除き、逸失利益、営業損失、不稼働
損失、原料・生産物の損失および間接損害ならびにこれらに類する損害について一切の責
任を負わない。

第36条　合意管轄

　本契約に関する一切の紛争については、発注者の住所地を管轄する地方裁判所をもっ
て、第一審の専属的合意管轄裁判所とする。

第34条　紛争の解決

（1）この契約について発注者と受注者との間に紛争が生じたときは、発注者と受注者の双方又は一方から相手方の承認する第三者を選んでこれにその解決を依頼するか、又は建設業法による建設工事紛争審査会（以下「審査会」という。）のあっせんもしくは調停によってその解決を図る。

（2）発注者又は受注者が本条（1）により紛争を解決する見込がないと認めたとき、又は審査会があっせんもしくは調停をしないものとしたとき、又は打ち切ったときは、発注者又は受注者は、仲裁合意書に基づいて審査会の仲裁に付することができる。

（3）本条（1）又は（2）の定めにかかわらず、この契約について発注者と受注者との間に紛争が生じたときは、発注者又は受注者は、仲裁合意書により仲裁合意をした場合を除き、裁判所に訴えを提起することによって解決を図ることができる。

第35条　補　則

　この契約に定めのない事項については、必要に応じて発注者及び受注者が協議して定める。

第IV部

ENAA国内プラント
建設契約モデルフォーム

2011年版との相違を示した記載付ドラフト

工事等請負契約書

　　　　　　　　　（以下「発注者」という。）と　　　　　　　　（以下「受注者」という。）は、次のとおり請負契約を締結する（以下「本契約」という。）。

第1条　契約の対象
本契約の対象は、　　　　　　　　　　　所在の発注者の　　　　　　　　工場内における指定場所に建設する以下の生産設備とし、その詳細を第2条に記載する契約仕様書に定める。
　　a.
　　b.
　　c.

　　　（以下「本プラント」という。）

第2条　契約の内容
（1）　受注者の役務の内容
受注者は、本条（2）の本契約構成図書の内容に従い、本プラントを完成するのに必要な設計、機材の調達、~~および~~建設工事および試運転の助勢注1)（これら役務をあわせて以下「受注者の役務」という。）を請け負う~~行う~~。
（2）　本契約構成図書
本契約は、下記の図書により構成される。なお、下記図書相互間に矛盾が生じたときは、以下の優先順序に従い解釈するものとする。
　1.　本「工事等請負契約書」
　2.　契約仕様書（i.　　ii.　　iii.　　）
3.　ENAA 国内プラント約款

第3条　契約金額等
（1）本契約に~~もとづく~~基づく受注者の役務に対する対価（以下「契約金額」という。）として、発注者は、受注者に次の金額を支払う。
契約金額（消費税額を除く。）
　　　金　　　　　　　　　円　（¥　　　　　　　　　　）
（2）消費税等
発注者は、契約金額に対する下記消費税および地方消費税を負担する。
　　　金　　　　　　　　　円　（¥　　　　　　　　　　）

第4条　支払い条件
発注者は、契約金額および消費税額を、次のとおり支払う。
本契約の締結時：
（中間払い注2)）：
本プラントの引渡し時：

第5条　完成期日

　受注者は、本契約の締結後速やかに受注者の役務に着手し、平成　　年　月　　日（本契約の定めにより変更された場合は、変更後の日とする。以下「完成期日」という。）までに本プラントの試運転開始に必要なすべての受注者の役務を完了する（塗装、保温、保冷、舗装、清掃など、試運転に支障のない残工事を除く。以下この状態を「試運転準備の完了」または「試運転準備が完了」という。）。

　第6条　特記事項注3）

注1）受注者に性能保証が要求されている場合は、「試運転の助勢」に代えて必要に応じて「試運転」とするを追加する。
注2）支払い期日またはマイルストーンを記載する。
注3）特に明記する必要のあるもの、たとえば、受注者による本プラントの性能保証の有無、部分引渡し、部分使用の規定、受注者が付保する損害保険の内容等。

本契約締結の証として本書2通を作成し、発注者および受注者それぞれ記名捺印のうえ、各1通を保有する。

平成　　年　　月　　日

　　　　　　　　　　　　　発注者　　　株式会社
　　　　　　　　　　　　　　　　代表取締役

　　　　　　　　　　　　　受注者　　　株式会社
　　　　　　　　　　　　　　　　代表取締役

ENAA 国内プラント約款

第1条　許認可等の取得
（1）発注者および受注者は、受注者の役務遂行のために必要となる許認可、その他監督官庁への届出のうち、各自の名義で取得・届出すべきものについては、それぞれの責任で取得・届出するものとし、互いに相手方に対して、必要な協力を行わなければならない。
（2）本プラントの運転に必要な許認可、その他監督官庁への届出については、発注者が自己の責任で取得・届出する。

第2条　工事用地など
（1）発注者は、契約仕様書で定められた日までに、本プラントの敷地および契約仕様書において発注者が提供すべきものと定められた受注者の役務遂行に必要な土地（以下これらを「工事用地」という。）を受注者に引き渡すとともに、契約仕様書に従い、受注者が工事用地にアクセスするために必要かつ適切な処置を講ずる。
（2）契約仕様書において工事用地の引渡し日または本条（1）における発注者の処置内容が定められていない場合には、発注者は、第4条において発注者が承認した工程表に従い、工事用地の引渡し日または発注者の処置内容につき受注者と協議のうえ、受注者の役務の遂行に支障のない範囲で確定する。

第3条　関連工事の調整
（1）発注者は、発注者の発注にかかる第三者の建設工事が受注者の建設工事と密接に関連する場合において、必要があるときは、それらの施工につき調整を行う。このとき、発注者は、その調整の内容について受注者と事前に協議しなければならない。
（2）受注者は、本条（1）の事前協議を経て定められた調整に従い、第三者の建設工事が円滑に進捗し、完成するよう協力しなければならない。
（3）本条（1）の調整により、必要があると認められるときは、発注者または受注者は、相手方に対し、受注者の役務の内容、完成期日または契約金額の変更を請求することができる。

第4条　工程表および組織表
受注者は、本契約締結後速やかに受注者の役務遂行のための工程表および組織表を発注者に提出し、工程表については発注者の承認をうける。

第5条　一括下請負、一括委任の禁止
　受注者は、本契約の履行に関し、受注者の役務の全部または大部分を一括して第三者に委任しまたは請け負わせてはならない。ただし、法令の定めに反しない限りにおいて、事前に発注者の書面による承諾を得た場合はこの限りではない。なお、この場合においても、受注者の本契約に~~もとづく~~<u>基づく</u>責任は軽減または免除されない。

第6条　権利、義務の譲渡などの禁止
　（1）発注者および受注者は、相手方の書面による事前の承諾を得なければ、本契約から生ずる権利または および義務を、第三者に譲渡すること、もしくはまたは承継させること、または質権その他の担保の目的に供することはできず、また本契約上の地位を第三者に移転することはできない。
　（2）発注者および受注者は、相手方の書面による事前の承諾を得なければ、本プラントを構成する材料、機器（以下「材料・機器」という。）および本プラントを第三者に譲渡すること、もしくは貸与すること、または抵当権その他の担保の目的に供することはできない。

第7条　第三者の特許権等などの使用
　（1）受注者は、第三者の特許権、実用新案権、意匠権、商標権、著作権その他日本国の法令により定められた権利または営業秘密、限定提供データなど法律上もとづき保護される利益に係る第三者の権利（以下あわせて「第三者の特許権など等」という。）の対象となっている材料・機器、施工方法、図面などを使用するときは、その使用に関してする一切の責任を負わなければならない。ただし、発注者がその材料・機器、施工方法、図面などを指定した場合において、契約仕様書に第三者の特許権等などの対象である旨の明示がなく、かつ、受注者がその存在を知らなかったときは、発注者は、受注者がその使用に関して一切の責任を負わなければ要した費用を負担しなければならない。
　（2）発注者および受注者は、本プラントに関して第三者の特許権等を侵害したとして紛争が生じたときは、その旨を直ちに相手方に通知する。
　（3）本条（2）の場合において、当該紛争の当事者となっていない発注者または受注者は、本条（1）の責任を負担しない場合においても、その紛争の解決のために合理的な範囲で相手方に協力する。
　（4）本条（2）の場合において、当該紛争の当事者となっている発注者または受注者が本条（1）の責任を負担しないときは、当該発注者または受注者は、本条（1）の責任を負担する相手方の事前の書面による承諾を得ない限り、その紛争に関して何らの承認、認諾または和解等を行わないものとする。
　（2）受注者が第三者から特許権などに関する権利行使について異議を申し立てられたとき、発注者は、本条（1）の費用負担の有無にかかわらず、その問題の解決のために、可能な限り受注者に協力する。

第8条　図面の承認
　（1）　受注者は、契約仕様書において発注者の承認を要する旨定められている図面（以下「承認対象図面」という。）を、発注者および受注者双方の合意した時期までに、または時期の合意がない場合には、承認対象図面にもとづく基づくそれぞれの受注者の役務開始予定日として第4条の発注者の承認を受けた工程表に示された日の１４日前までに、発注者に提出しなければならない。

（2）契約仕様書に別段の定めがある場合を除き、発注者は、受注者に対し、受注者から提出された承認対象図面を受領した日から１４日以内に、承認の旨または不承認の場合はその理由を付して書面をもって回答しなければならない。発注者が当該期間内に回答しない場合は、当該承認対象図面は発注者により承認されたものとみなす。

（3）受注者は、発注者により承認された図面（以下「承認図面」という。）に従って受注者の役務を遂行する。

（4）本条（3）の規定にかかわらず、承認図面の全部または一部が契約仕様書の内容に適合していないことが判明した場合、受注者は、当該承認図面の全部または一部を修正するとともに、既に当該承認図面に~~もとづき~~基づき施工されているときには当該不適合部分を改造しなければならない。ただし、契約仕様書の内容に適合していない部分が発注者の指示その他発注者の責めに帰すべき事由による場合は、この限りではない。

（5）本条（4）ただし書きの場合であっても、受注者の故意または重大な過失によるとき、または受注者がその適当でないことを知りながらあらかじめ発注者に書面をもって通知しなかったときは、受注者は、その責任を免れない。ただし、受注者がその適当でないことを、書面をもって通知したにもかかわらず、発注者が適切な指示をしなかったときはこの限りではない。

第9条　責任者
（1）発注者および受注者は、それぞれ、本契約締結後ただちに、本契約の履行に関する責任者（以下「責任者」という。）を定め、書面をもって相手方に通知する。

（2）発注者および受注者間に別段の合意ある場合を除き、発注者および受注者それぞれの責任者は、本契約に~~もとづく~~基づく一切の権限を行使することができる。第１０条（2）に定める受注者の通知後は、受注者の責任者のほか、受注者の現場代理人も、同条（3）および（4）により定められる権限を行使することができる。

（3）発注者および受注者は、本契約に基づいて~~もとづいて~~自らが行う一切の指示、承認、請求、通知等を、相手方または相手方の責任者に対して行う。ただし、発注者は、第１０条（2）に定める受注者の通知後は、受注者の現場代理人に対しても、同条（3）および（4）に定められるその権限の範囲内の事項に関しては、これらを行うことができる。

第１０条　現場代理人、監理技術者など
（1）受注者は、建設工事に着手するまでに、工事現場における施工の技術上の管理をつかさどる監理技術者または主任技術者を定め、書面をもってその氏名を発注者に通知する。また、専門技術者（建設業法第２６条の２に規定する技術者をいう。以下同じ。）を定める場合、書面をもってその氏名を発注者に通知する。

（2）受注者は、現場代理人を定めたときは、書面をもってその氏名を発注者に通知する。

（3）現場代理人は、本契約の履行に関し、工事現場の運営、取締りを行うほか、次の各号に定める権限を除き、本契約に~~もとづく~~基づく受注者の一切の権限を行使することができる。
　a．建築士法で定める有資格者により遂行されるべき設計業務および工事監理業務に関する権限
　b．契約金額の変更
　c．完成期日の変更
　d．契約金額の請求または受領
　e．第６条における承諾

　<u>f</u>e．第２６条における~~の部分使用の~~受注者の同意
　<u>f</u>g．受注者の役務の中止・本契約の解除および損害賠償の請求
（4）受注者は、本条（3）の規定にかかわらず、自己の有する権限のうち現場代理人に委任せず自ら行使しようとするものがあるときは、あらかじめ、当該権限の内容を発注者に書面をもって通知しなければならない。
（5）現場代理人、主任技術者（または監理技術者）および専門技術者は、これを兼ねることができる。

第１１条　履行報告
受注者は、受注者の役務の履行報告につき、契約仕様書に定めがあるときは、その定めに従い発注者に報告しなければならない。

第１２条　工事下請業者、機材製造業者
　<u>受注者は、工事を遂行する下請業者および機材製造業者を、自らの判断と責任で選定することができる。ただし、</u>契約仕様書<u>で</u>~~において~~、特定の~~工事を遂行する~~下請業者または特定の~~機材の~~製造業者が指定されている場合において、<u>受注者が当該下請業者または機材製造業者を変更しようとするときは、</u>~~について、その選定につき~~受注者は<u>その変更につき</u>発注者の承認を受ける~~こととされているときは、受注者は、当該下請業者または機材製造業者~~との契約締結前~~に、~~その承認を受けなければならない。~~なお~~ただし、当該下請業者または機材製造業者について、~~の複数の候補者リストが契約仕様書に定められているときは、受注者が~~、~~当該候補者リストの<u>中</u>~~内~~から<u>選定する</u>~~選択して用いる~~限り、当該承認は不要とする。

第１３条　材料・機器の検査・試験
（1）受注者は、契約仕様書において検査を受けて使用すべきものと指定されている材料・機器については、当該検査に合格したものを用いるものとし、契約仕様書において試験することを定めたものについては、当該試験に合格したものを使用する。
（2）本条（1）の検査または試験<u>の</u>~~に~~直接必要な費用は、受注者の負担とする。ただし、契約仕様書に~~別段の~~定めのない検査または試験が必要と認められる場合に、これを行うときは、当該検査または試験に<u>関連して生じる</u>~~要する~~費

用および特別に要する~~費用~~は、受注者の責めに帰すべき場合を除き、発注者の負担とする。

（3）工事用地への搬入後に行われた検査または試験に合格しなかった材料・機器は、受注者の責任においてこれを工事用地から引き取る。

（4）材料・機器の品質については、契約仕様書に定めるところによる。契約仕様書にその品質が明示されていないものがあるときは、中等の品質のものとする。

（5）第33項の場合を除き、受注者は、工事用地に搬入した材料・機器を工事用地外に持ち出すときは、発注者の承認を受ける。

~~（6）発注者は、材料・機器について明らかに適当でないと認められるものがあるときは、受注者に対してその交換を求めることができる。~~

第14条　支給品

（1）発注者が受注者に支給~~または~~もしくは貸与する材料・機器、建設機械、仮設、資材、電力、水等（以下「支給品」という。）の品名、数量、品質、規格、性能、引渡し場所および引渡し時期は、契約仕様書に定めるところによる。

（2）発注者は、契約仕様書に定めるところにより引渡し前に支給品を検査のうえ、引渡し場所において受注者に引き渡す。

（3）受注者は、支給品の引渡しを受けたときは、速やかに、支給品の品名、数量、規格等（性能および品質を除く。）について、外観（梱包されている場合は梱包された状態での外観）および添付関連書類が当該支給品に対応するものであるか否かを確認のうえ、発注者に受領書を提出する。ただし、受注者は、当該確認の結果、支給品のうち契約仕様書の定めと異なるもの、または使用することが~~に~~適当でないと認めたものがあるときは、その旨を遅滞なく書面をもって発注者に通知する。

（4）発注者は、本条（3）の通知を受けた場合、速やかに当該支給品を修補し、または~~もしくは~~取替えなければならない。

（5）本条（1）の定めにかかわらず、発注者は、受注者が必要と認めるときは、受注者と協議のうえ、支給品の品名、数量、品質、規格、性能、引渡し場所および引渡し時期を変更する。

（6）受注者は、引渡しを受けた支給品につき、善良なる管理者の注意をもって保管し、使用する。

（7）受注者は、発注者から支給を受けた支給品のうち不要となったもの（残材を含む。いずれも有償支給品を除く。）および貸与された支給品につき、別途定められた時期~~、~~および方法に従って発注者に返還するものとし、その定めのない場合は本プラントの引渡し後遅滞なく工事用地内において発注者に返還するものとする。

（8）受注者は、支給品の引渡しを受けた後、当該支給品につき~~瑕疵~~不具合が明らかになったとき、またはこれを使用することが適当でないと判断したときは、ただちに書面をもってその旨を発注者に通知し、この通知を受けた発注者は、本条（3）における受注者の受領書の提出、支給品の確認または~~、~~通知の

有無にかかわらず、速やかに当該支給品を修補しまたは取替えるほか、当該支給品が既に施工済みの場合、当該修補または取替え等に要する一切の費用を負担する。

第15条　発注者の立会い
（1）契約仕様書において、機器の製作工場からの出荷に先立ち、当該機器の検査に発注者が立会いすることができる旨定められている場合、受注者は、発注者に対し、受注者が予定する検査日の相当期間前までに、立会いの受け入れが可能である旨の通知を行う。
（2）契約仕様書において、特定の工事の実施または検査に発注者が立会いすることができる旨定められている場合、受注者は、発注者に対し、受注者が予定する当該工事の実施日または受注者が予定する検査日の相当期間前までに、立会いの受け入れが可能である旨の通知を行う。
（3）本条（1）または（2）に~~もとづく~~基づく受注者から発注者への通知にもかかわらず、予定検査日または予定実施日に発注者が立会いを実施しなかった場合には、別途仕様書に記載のない限り、受注者は、発注者の立会いなく、当該機器を検査した後に~~製作工場より~~出荷し、または当該工事を実施もしくは検査することができる。この場合、受注者は、実施または検査の記録を整備して、後日発注者に提出する。

第16条　発注者の提供する図面、仕様書
（1）発注者は、本契約に基づいて~~もとづいて~~発注者が提供する図面、仕様書（契約仕様書中の図面、仕様書で発注者が提供したものを含む。以下「発注者の図面・仕様書」という。）の内容が正確であることを保証する。
（2）受注者は、発注者の図面・仕様書の内容に疑義を生じたとき、または誤謬、脱漏等を発見したときは、ただちに書面をもって発注者に通知する。
（3）発注者は、本条（2）の通知を受けたとき、ただちに調査を行い、書面をもって受注者に対して適切な指示を与える。発注者自ら本条（2）の疑義を生じ、または発見したときも同様とする。
（4）工事用地の状態、地質、湧水、施工上の制約などについて発注者の図面・仕様書に示された施工条件が実際と相違するとき、または、工事用地の地下条件などについて土壌汚染、地中障害物、埋蔵文化財、その他予期することのできない状態が発見されたときは、その対応について発注者および受注者間で協議する。
　（5）本条（3）の指示または（4）の協議によって、必要があると認められるときは、発注者または受注者は、相手方に対し、受注者の役務の内容、完成期日または契約金額の変更を請求することができる。

第17条　承認図面または契約仕様書のとおりに実施されていない受注者の役務
（1）受注者の役務について、承認図面または契約仕様書のとおりに実施されていない部分があると試運転準備の完了前に認められる場合、受注者は、発注

者の指示によって、または自ら、受注者の費用負担にて速やかにこれを修補または取替えを行う。この場合、受注者は、完成期日の延長を請求することはできない。

（2）施工について、試運転準備の完了前に、承認図面または契約仕様書のとおりに実施されていないと認められる相当の理由がある場合、発注者は、その理由を受注者に通知のうえ、合理的に必要な範囲で、既に実施した施工の状態を変更してその部分を検査することができる。

（3）本条（2）による検査の結果、承認図面または契約仕様書のとおりに実施されていないと認められる場合は、その変更、検査およびその復旧に要する費用は受注者の負担とする。

（4）本条（2）による検査の結果、承認図面または契約仕様書のとおりに実施されていると認められる場合は、その変更、検査およびその復旧に要する費用は発注者の負担とする。この場合において、受注者は、発注者に対し、必要と認められる完成期日の延長を請求することができる。

（5）本条（1）、（2）および（3）の規定にかかわらず、~~次の各号の一によって生じた承認図面または契約仕様書のとおりに実施されていないと認められる~~受注者の役務が次の各号の一によって生じたと認められる場合について は、受注者は、その責任を負わない。

　a. 発注者の指示（発注者の図面・仕様書を含む。）によるとき。
　b. 支給品の性質、~~瑕疵~~不具合など支給品によるとき。
　c. 発注者が指定した材料・機器によるとき。
　d. その他発注者の責めに帰すべき事由によるとき。

（6）本条（5）のときであっても、受注者の故意または重大な過失によるとき、または受注者がその適当でないことを知りながらあらかじめ発注者に通知しなかったときは、受注者は、その責任を免れない。ただし、受注者がその適当でないことを通知したにもかかわらず、発注者が相当な期間内に適切な指示をしなかったとき、または、適切な措置をとらなかったときはこの限りではない。

第18条　損害の防止
　受注者は、本プラントの引渡しまで、本プラントの出来形部分、材料・機器、近接する工作物または第三者に対する損害の防止に必要な措置をとる。かかる措置は、~~のため、~~契約仕様書と関係法令に従い、かつ、~~もとづき、~~建設工事と周辺環境に相応したものとする~~必要な処置をする。~~

（2）本プラントに近接する工作物の保護またはこれに関連する措置で、発注者および受注者が協議して、本条（1）の措置の範囲を超える費用は発注者の負担とする。

（3）受注者は、災害防止などのため特に必要と認めたときは、あらかじめ発注者の意見を求めて臨機の措置をとる。ただし、急を要するときは、措置をとったのち発注者に通知する。

（4）発注者が必要と認めて臨機の措置を求めたときは、受注者は、ただちにこれに応ずる。

（5）本条（3）または（4）の措置に要した費用の負担については、発注者および受注者が協議して、契約金額に含むことが適当でないと認めたものの費用は発注者の負担とする。

第19条　第三者損害
　（1）受注者は、受注者の役務の履行において~~のため~~第三者に損害を及ぼしたときは、その損害を賠償する。ただし、その損害のうち受注者が善良な管理者としての注意を払っても避けることができない騒音、振動その他の本プラントの特質による事由~~り~~、または発注者の責めに帰すべき事由により生じたものについては、発注者の負担とする。
　（2）本条（1）の場合、その他受注者の役務の履行について第三者との間に紛争が生じたときは、受注者がその処理解決にあたる。ただし、受注者が要請~~する場合は、だけで解決し難いときは、~~発注者は、受注者に協力する。
　（3）本条（1）または本条（2）にかかわらず、本プラントに基づく日照阻害、風害、電波障害その他発注者の責めに帰すべき事由により、第三者との間に紛争が生じたとき、または損害を第三者に与えたときは、発注者がその処理解決にあたり、必要あるときは、受注者は、発注者に協力する。この場合、第三者に与えた損害を補償するときは、発注者がこれを負担する。
　（~~3~~4）本条（1）ただし書き、~~または~~本条（2）（ただし、受注者の責めに帰すことのできない事由による場合に限る）、または本条（3）の場合において、~~受注者の責めに帰すことのできない事由により~~完成期日の延長が必要となった~~ときは~~場合、受注者は、発注者に対して、必要と認められる完成期日の延長を請求することができる。

第20条　受注者の役務について~~本プラント等~~他に生じた損害
　（1）本プラントの引渡しまたは第25条（1）に定める部分引渡しまでに、本プラントの出来形部分、材料・機器、その他受注者の役務一般について生じた損害は、受注者の負担とし、完成期日は延長しない。ただし、本契約に別段の定めがある場合にはその定めによることとし、また、発注者の責めに帰すべき事由により生じた損害については、発注者がこれを負担し、受注者は必要と認められる完成期日の延長を請求することができる。
　（2）火災・爆発等の危険によって、第22条に基づき受注者の付保する~~工事保険または~~賠償責任保険で回収できない損害が発注者の所有する工作物に発生した場合には、受注者の故意または重過失による場合を除き、その原因のいかんを問わず、発注者がこれを負担する。

第21条　特別危険による損害
　第20条（1）の規定にかかわらず、戦争・内乱・テロ・暴動・労働争議・原子力危険・放射能汚染・地震・噴火・津波によって、本プラントの出来形部分および工事用地に搬入された材料・機器（支給品を含む。）について生じた損害は、発注者が負担し、受注者は必要と認められる完成期日の延長を請求することができる。ただし、受注者が善良な管理者としての注意を怠ったために増大した損害については、受注者が負担する。

第２２条　損害保険
　受注者は、遅くとも工事用地にいずれかの材料・機器（支給品を含む。以下本条において同じ。）を搬入するまでに、本プラントの出来形部分と工事用地に搬入された材料・機器、発注者の所有する工作物等について、組立保険、建設工事保険、賠償責任保険その他の保険を、工事等請負契約書第６条（特記事項）に基づき付保する。受注者は、その証券の写しまたは付保証明を発注者に対し、遅滞なく提出する~~受注者は、本プラントの引渡しまで、本プラントの出来形部分と工事用地に搬入された材料・機器（支給品を含む。）などについて、組立保険または建設工事保険等を付保する。~~

第２３条　試運転準備の完了、検査、引渡し
（１）受注者は、試運転準備が完了したと判断したとき、発注者に検査を求める。
（２）発注者は、本条（１）の受注者の求めがある場合、契約仕様書~~の~~に定める方法および期間内（期間の定めがない場合には受注者の請求から１４日以内）に、受注者の立会いのもとに検査を行い、その結果を受注者に書面をもって通知する。
（３）本条（２）の検査に合格したとき、本条（１）により受注者が当該検査を求めた日をもって試運転準備が完了したものとする。
（４）本条（２）に定める期間内に発注者が検査の結果を受注者に通知しないときは、検査に合格したものとみなす。
（５）本条（２）の検査に合格しない場合には、発注者はその理由を明示して受注者に通知するものとする。
（６）本条（５）の通知があった場合、受注者は、その理由とされた箇所の修補または取替えを行い、本条（１）に従い、発注者の再検査を求める。ただし、修補または取替えに過分の費用を要する場合、または完成期日までに修補または取替えを行うことができないと受注者が判断するときは、発注者および受注者間の協議により措置を決定する。
（７）本条（６）の規定にかかわらず、検査に合格しなかった原因が、受注者の責めに帰すべき事由によらないときは、その修補または取替えに要する費用および損害は、発注者の負担とする。この場合において、受注者は、発注者に対し、必要と認められる完成期日の延長を請求することができる。
（８Ａ）本条に~~もとづく~~基づく検査に合格したとき、発注者は、ただちに本プラントの引渡しを受ける。
注）受注者が第２４Ｂ条に定める本プラントの性能保証を行う場合は上記第（８Ａ）項の替わりに次の第（８Ｂ）項の規定を適用する。
（８Ｂ）本条に~~もとづく~~基づく検査に合格した後、次の各号の一にあたるとき、発注者は、ただちに本プラントの引渡しを受ける。
　a. 第２４Ｂ条に定める性能保証運転において、契約仕様書に引渡し条件として定められた本プラントの性能に関する保証値（以下「保証値」という。）~~のすべて~~を満たすことが発注者により確認されたとき。
　b. 第２４Ｂ条に定める性能保証運転において満たされない保証値~~のすべて~~（性能保証運転が行われないために確認できないものを含む。）について、

第２４Ｂ条（２）ただし書きに基づいて~~もとづいて~~受注者が予定損害賠償
　　金を発注者に支払ったとき、または第２４Ｂ条（４）に該当するとき。
　（９）受注者は、試運転準備の完了時に残っている塗装、保温、保冷、舗
装、清掃などの残工事を、試運転開始後に、速やかに完了する。

第２４Ａ条　発注者による試運転義務
　発注者は、第２３条（８Ａ）に~~もとづく~~基づく引渡しを受けた後、契約仕様
書に定めるところにより、遅滞なく本プラントの試運転を行う。受注者は、こ
の試運転に立会うとともに、増締めその他の助勢を行う。

注）受注者が本プラントの試運転・性能保証を行う場合は上記第２４Ａ条の規定の替わりに下記第２４Ｂ条を適用する。
第２４Ｂ条　受注者の試運転義務と性能保証
　（１）第２３条の検査に合格した後、受注者は、契約仕様書に定めるところに
より、遅滞なく本プラントの試運転（契約仕様書に定める条件のもとで行われ
る性能保証運転（以下「性能保証運転」という。）を含む。以下同じ。）を行
う。この場合、発注者は、当該試運転に立会うとともに、適切な資格・能力の
ある運転要員、原料、ユーティリティー、その他試運転に必要な用品および設
備を発注者の負担と責任において供給する。
　（２）受注者の責めに帰すべき事由により、性能保証運転を行うことができな
い、または第１回もしくはそれ以降の性能保証運転において保証値のいずれか
が満たされない場合、受注者は、本プラントにつき、自ら必要と認める改造、
修補または取替え等を行い、再度性能保証運転を行う。ただし、第２回目以降
の性能保証運転において保証値のいずれかが満たされない場合であっても、契
約仕様書に定める最低限の性能値が満たされている限り、受注者は、第２回目
の性能保証運転開始時以降いつでも契約仕様書に定める予定損害賠償金を発注
者に支払うことにより、当該保証値が満たされないことに関する一切の責任を
免れることができる。
　（３）受注者の責めに帰すことのできない事由により、性能保証運転を行うこ
とができない、または第１回もしくはそれ以降の性能保証運転において保証値
のいずれかが満たされない場合、発注者は、それぞれ本条（５）に定める期間
内に、自ら費用を負担して、必要と認める措置を自ら行いまたは受注者に行わ
せ、その後受注者に対し性能保証運転を行うことを要求できる。
　（４）本条（３）において、本条（５）に定める期間内に、発注者が必要な措
置を完了させることができない場合、受注者は当該保証値が満たされないこと
に関する一切の責任を免れる。
　（５）本条（３）および本条（４）における期間とは、受注者の責めに帰す
ことのできない事由により性能保証運転を行うことができない場合には、その
事由がなければ性能保証運転を開始したであろうと合理的に推定される日から
２ヶ月間とし、同様の事由により第１回またはそれ以降の性能保証運転におい
て保証値のいずれかが満たされない場合には、当該保証値が満たされないこと
が判明した日から２ヶ月間とする。ただし、当該期間中に、受注者の責めに帰

すべき事由による性能保証運転の遅れがある場合、当該期間は、その遅れに相当する日数分延長されるものとする。

第２５条　部分引渡し
（１）発注者が本プラントの全部の引渡しを受ける前にその一部引渡しを受ける場合（以下、この場合の引渡しを「部分引渡し」といい、引渡しを受ける部分を「引渡し部分」という。）、契約仕様書の定めによる。契約仕様書に別段の定めのない場合、発注者は、引渡し部分に相当する契約金額（以下「引渡し部分相当額」という。）の確定に関する受注者との事前協議を経たうえ、受注者の書面による同意を得なければならない。
（２）受注者は、引渡し部分の試運転準備が完了したと判断したとき、発注者に検査を求める。
（３）本条（２）の検査に関する手続きについては、第２３条の規定を準用する。
（４Ａ）本条（２）の検査に合格したとき、発注者は、引渡し部分相当額全額の支払いを完了すると同時に、当該引渡し部分の引渡しを受けることができる。
注）受注者が第２４Ｂ条に定める本プラントの性能保証を行う場合は上記第（４Ａ）項の替わりに次の第（４Ｂ）項の規定を適用する。
（４Ｂ）本条（２）の検査に合格した後、受注者は、引渡し部分に関し、試運転を行う。この場合、第２３条（８Ｂ）および第２４Ｂ条を準用し、発注者は、当該引渡し部分の引渡しを受けるときは、引渡し部分相当額全額の支払いを完了する。
（５）部分引渡しにつき、法令に基づき必要となる手続きがある場合は、当該かかる手続きは発注者が行い、受注者は、これに協力する。また、当該手続きに要する費用は、発注者の負担とする。

第２６条　部分使用
（１）試運転準備の完了本プラント全部の引渡し前に本プラントの一部を発注者が使用する場合（以下「部分使用」という。）、契約仕様書の定めによる。契約仕様書に別段の定めのない場合、発注者は、受注者の書面による同意を得たうえ、受注者の示す条件指示に従って部分使用を行う。
（２）本条（１）の部分使用により、必要があると認められるときは、発注者または受注者は、相手方に対し、受注者の役務の内容、完成期日または および契約金額の変更を請求することができる。
（３）部分使用につき、法令に基づき必要となる手続きがある場合は、当該手続きは発注者が行い、受注者はこれに協力する。また、当該手続きに要する費用は、発注者の負担とする。

第２７条　契約不適合瑕疵の担保

（1）受注者は、本プラントについて、~~設計、材質および施工上の瑕疵~~種類または品質に関して本契約の内容に適合しないもの（以下「不適合~~瑕疵~~」という。）でないことを保証する。

（2）本条（1）の定めにかかわらず、受注者は、本プラントによって生産される物の品質および量ならびに生産に使用する原料およびユーティリティーなどの消費量については保証しない。ただし、第24B条が適用される場合は、その定めの限度で保証し、当該保証については、本条を適用しない。

（3）本条（1）の保証期間は、本プラントの引渡し後（部分引渡しが行われた場合、当該引渡し部分についてはその引渡し後）1年間とする。ただし、本プラントのうち、基礎ならびに建屋の躯体については、2年間とする。本項または本条（7）の保証期間（以下「本保証期間」という。）の終了後に発見された不適合に関して受注者は責任を負わない。受注者は発注者から本条（4）に従った請求がなされた場合、本保証期間が終了した後においては当該請求の根拠となる不適合に関し、当該請求および本条（6）に従ってなされる請求以外に何らの責任も負わない。

（4）~~本条（3）の~~本保証期間内に、不適合~~瑕疵~~が発見された場合、発注者はただちに書面をもって受注者に通知し、当該通知により、または、当該通知後に別の書面により受注者に対し~~は~~、当該不適合~~瑕疵~~の修補または取替えによる無償での履行の追完、損害賠償または第31条（2）に基づく契約の解除を請求できる。発注者が相当の期間を定めて書面をもって履行の追完の催告をし、その期間内に履行の追完のない場合は、発注者は不適合の程度に応じた契約金額の減額を求めることができる~~を無償で行う~~。受注者が履行を追完する場合、発注者は、受注者が可能な限り速やかに必要な~~当該修補または取替えを行う~~ことができるように協力する。

（5）本条（4）にかかわらず、不適合が重要でない場合において、履行の追完に過分の費用を要する場合は受注者は履行の追完を要しない。また、不適合が本契約および取引上の社会通念に照らして受注者の責めに帰すことができない事由による場合、発注者は損害賠償の請求をすることができない。

（6）いかなる場合も、本条（4）の発注者の請求が、本保証期間終了後30日、または当該不適合を発見したときから90日を経過した後に行われた場合、本保証期間内に発見された不適合であっても受注者は当該不適合に関し責任を負わない。ただし、本条（4）に従う履行の追完の請求または催告が本項の期限内になされ、当該履行の追完の不履行に関する損害賠償の請求または契約金額の減額請求がなされる場合に限り、本保証期間の終了後180日以内になされた当該損害賠償請求または契約金額減額請求は本項の期限内になされたものとみなす。

（~~5~~7）本条（4）の規定により、~~修補または取替え~~履行の追完が行われたとき、受注者は、当該部分について、その追完完了~~修補または取替え~~の日から、さらに1年間、~~瑕疵~~不適合のないことを保証する。本項による保証期間はいかなる場合も本プラントの引渡し後（部分引渡しが行われた場合、当該引渡し部分についてはその引渡し後）2年間を超えないものとする。ただし、基礎ならびに建屋の躯体については、3年を超えないものする。また、本項の適用によ

り基礎ならびに建屋の躯体について保証期間が引渡し後２年間より短縮される
ことはない。
（~~6~~ 8）本条の定めにかかわらず、~~瑕疵~~不適合が次の各号の一にあたるとき
は、受注者は、その責任を負わない。
 a. 発注者の指示（発注者の図面・仕様書を含む。）によるとき。
 b. 支給品の性質、~~瑕疵~~不具合など支給品によるとき。
 c. 発注者が指定した材料・機器によるとき。
 d. 発注者の不適切な使用に~~もとづく~~基づくものであるとき。
 e. 材料・機器の想定される使用、自然現象などにより通常予想される劣
    化、磨耗、もしくは消損であるとき、またはこれらに起因するとき。
 f. その他発注者の責めに帰すべき事由によるとき。

第２８条　受注者の役務の変更、完成期日の変更
（１）　本契約に別段の定めのある場合のほか、発注者は、必要があるとき
は、受注者に対し、合理的な範囲で、本プラントの仕様、内容、その他の受
注者の役務の変更あるいは完成期日の変更を請求することができる。この場
合において、受注者の役務の変更により、完成期日に試運転準備が完了でき
ないと認められるときは、受注者は、必要と認められる完成期日の変更を請
求することができる。
（２）　受注者は、発注者に対して、受注者の役務の内容または完成期日の変
更を提案することができる。この場合、発注者の承諾により、これらの変更
が行われるものとする。
（３）　本契約に別段の定めのある場合のほか、次の各号の一にあたるとき、
受注者は、発注者に対し、必要と認められる受注者の役務の内容または完成
期日の変更を請求することができる。
 a. 発注者の責めに帰すべき事由によるとき。
 b. 不可抗力その他受注者の責めに帰すことのできない事由によるとき。
 c. ~~受注者が契約締結時に予期し得なかった~~契約締結後の法令・規則の制
    定、改訂または廃止によるとき。
 d. その他正当な事由があるとき。
（４）　本条（１）または本条（３）ａにより受注者が損害を被ったときは、受
注者は、発注者に対し、その補償を求めることができる。

第２９条　契約金額の変更
　本契約に別段の定めのある場合のほか、次の各号の一にあたるとき、発注者
または受注者は、相手方に対し、必要と認められる契約金額の変更を請求する
ことができる。
 a. 契約締結後の発注者または受注者が~~契約締結時に予期し得なかった~~法令や
    規則の制定、改訂もしくは廃止、経済事情の激変または不可抗力などによ
    り、契約金額が相当でないと認められるとき。
 b. 第２８条各項により受注者の役務の内容または完成期日が変更された結

果、契約金額が相当でないと認められるとき。

第３０条　履行遅滞・賠償額の予定・遅延利息
（１）受注者の責めに帰すべき事由により、受注者が完成期日までに試運転準備の完了を達成できないときは、次の各号のとおりとする。
a. 完成期日後１４日以内に完了したときは、受注者は、遅延に対する一切の責任を免れる。
b. 完成期日後１４日間を超えて完了した場合には、発注者は、受注者に対し、かかる１４日間を超える遅延日数に応じて、契約金額（完成期日前に部分引渡しが行われた場合には、引渡し部分相当額を差し引いた残額とする。本条において以下同じ。）に対し年１０パーセントの割合で計算した額の予定損害賠償金を請求することができる。ただし、予定損害賠償金の合計額は、契約金額の５％パーセントを上限とする。また、完成期日前に部分引渡しが行われた場合には、契約金額から引渡し部分相当額を差し引いた残額に基づいて予定損害賠償金および上限の金額を算出する。
（２）受注者は、発注者の請求の有無にかかわらず、本条（１）の予定損害賠償金（上限をもって定められる場合には、当該上限の金額）を支払うことによって、遅延に伴う一切の責任を免れることができる。
（３）受注者が本条（１）に規定する上限の予定損害賠償金を支払った場合においても、受注者は、引き続き、速やかに試運転準備の完了を達成する義務および、試運転準備の完了時に試運転に支障のない残工事がある場合は、当該残工事を完了させる義務を負う。
（４）発注者が本契約における支払の全部または一部を完了しないときは、受注者は、発注者に対し、遅滞日数に応じて、支払遅滞額に対し年１０パーセントの割合で計算した額の遅延利息を請求することができる。
（５）発注者が前払いまたは中間払いを遅滞しているときは、本条（４）の規定を適用する。

第３１条　　発注者の中止権・解除権
（１）発注者は、必要によって、書面をもって受注者に通知して、受注者の役務を中止しまたは本契約を解除することができる。この場合、発注者は、これによって生じる受注者の損害を賠償する。
（２）次の各号の一にあたるときは、発注者は、書面をもって受注者に通知して、受注者の役務を中止し、または、書面をもって相当の期間を定めて催告してもなお解消されないときは、本契約を解除することができる。ただし、当該事由が（解除にあっては当該期間を経過した時点において）本契約および取引上の社会通念に照らして軽微であるときはこの限りでない。この場合（ｆに掲げる理由による場合を除く）、発注者は、受注者に損害の賠償を請求することができる。
a. 受注者が正当な理由なく、本契約の締結後速やかに工程表に定める着手すべき期日を過ぎても受注者の役務に着手しないとき。

　　b. 受注者の役務が、正当な理由なく工程表より著しく遅れ、完成期日後相
　　　当期間内に、受注者が~~試運転準備の完了を達成~~建設工事を完了する見込
　　　がないと認められるとき。
　c. 受注者が~~第5条または~~第１７条（１）の規定に違反したとき。
　~~c.~~d. 引き渡された本プラントに不適合（ただし、第２７条の規定に従って
　　　受注者が責任を負うものに限る。）が存在し、当該不適合によって本契
　　　約の目的を達することができないと認められるとき。
　e. 本項 a、b、c または ~~c~~d のほか、受注者が本契約に違反し、その違反によ
　　　って本契約の目的を達することができないと認められるとき。
~~d.~~　　　（３）次の各号の一にあたるときは、発注者は、書面をもって受注者
に通知して、受注者の役務を中止し、または、何らの催告を要することなく、
直ちに本契約を解除することができる。
　a.　　受注者が第５条の規定に違反したとき。
　~~e.~~b. 受注者が建設業の許可を取り消されたとき、またはその許可が効力を
　　　失ったとき。
　~~f.~~c. 受注者が支払いを停止する（資金不足による手形・小切手の不渡りを
　　　出すなど）などにより、受注者が受注者の役務を続行できないおそれがあ
　　　ると認められるとき。
　~~g.~~d. 受注者が第~~3 2~~32 条（４）または（５）の各号の一に規定する理由が
　　　ないのに本契約の解除を申し出たとき。
　~~h.~~e. 受注者が以下の一にあたるとき。
　　　イ　役員等（受注者が個人である場合にはその者を、受注者が法人である
　　　　場合にはその役員またはその支店もしくは常時建設工事の請負契約を
　　　　締結する事務所の代表者をいう。以下この号において同じ。）が暴力
　　　　団員による不当な行為の防止等に関する法律第~~2~~2条第~~6~~6号に規定
　　　　する暴力団員または同号に規定する暴力団員でなくなった日から５年
　　　　を経過しないもの（以下この号において「暴力団員等」という。）で
　　　　あると認められるとき。
　　　ロ　暴力団（暴力団員による不当な行為の防止等に関する法律第~~2~~2条第
　　　　~~2~~2号に規定する暴力団をいう。以下この号において同じ。）または
　　　　暴力団員等が経営に実質的に関与していると認められるとき。
　　　ハ　役員等が暴力団または暴力団員等と社会的に非難されるべき関係を有
　　　　していると認められるとき。
　（~~3~~4）発注者は、書面をもって受注者に通知して、本条（１）、（２）また
は（~~2~~3）で中止された受注者の役務を再開させることができる。
　（~~4~~5）本条（１）により中止された受注者の役務が再開された場合、受注者
は、発注者に対して、必要と認められる契約金額の変更および完成期日の延長
を請求することができる。
　（６）本条（２）または（３）の場合、発注者は受注者に損害の賠償を請求する
ことができる。ただし、（３）c に掲げる事由による場合は、この限りでない。

第３２条　受注者の中止権・解除権

（１）次の各号の一にあたるとき、受注者は、書面をもって発注者に通知して受注者の役務を中止することができる。ただし、aないしdに掲げる事由による場合は、発注者に対し、書面をもって、相当の期間を定めて催告してもなお当該事由が解消されないときに限るは、~~受注者の役務を中止することができる~~。

 a．発注者が前払または部分~~中間~~払を遅滞したとき。

 b．発注者が正当な理由なく第１６条（４）の協議に応じないとき。

 c．発注者の責めに帰すべき事由（発注者が工事用地~~または~~もしくは支給品を受注者の使用に供することができないときおよび発注者が許認可等の取得または届出を怠ったときを含む。）により、受注者が受注者の役務を履行できないときまたは受注者の役務が著しく遅延したとき。~~ため、または~~

 d．不可抗力などのため受注者が受注者の役務を履行~~施工~~できないとき。

 ~~e~~d．発注者が支払いを停止する（資金不足による手形・小切手の不渡りを出すなど）などにより、発注者が契約金額の支払い能力を欠くおそれがあると認められるとき。~~本項a、bまたはcのほか、発注者の責めに帰すべき事由により受注者の役務が著しく遅延したとき。~~

（２）本条（１）に掲げる各号の事由が解消したときは、受注者は、受注者の役務を再開する。

（３）本条（２）により受注者の役務が再開された場合、受注者は、発注者に対して、必要と認められる契約金額の変更および完成期日の延長を請求することができる。

（４）発注者が本契約に違反し、その違反によって本契約の履行ができなくなったと認められる~~次の各号の一にあたるとき~~、受注者は、発注者に対し、書面をもって相当の期間を定めて催告してもなお解消されないときは、書面をもって発注者に通知して本契約を解除することができる。ただし、当該違反の程度が当該期間を経過した時点において本契約および取引上の社会通念に照らして軽微であるときはこの限りでない。

（５）次の各号の一にあたるときは、受注者は、何らの催告を要することなく、書面をもって発注者に通知して直ちに本契約を解除することができる。

 a．第３１条の（１）または本条（１）（eを除く）による受注者の役務の遅延または中止期間が、本契約の締結日から完成期日までの期間の４分の１以上になったときまたは~~6~~6か月以上になったとき。

 b．発注者が受注者の役務を著しく減少させたため、契約金額が３分の２以上減少したとき。

 c．~~発注者が本契約に違反し、その違反によって本契約の履行ができなくなったと認められるとき。~~本条（１）eにあたるとき。

 d．発注者が以下の一にあたるとき。

  イ 役員等（発注者が個人である場合にはその者を、発注者が法人である場合にはその役員またはその支店もしくは営業所等の代表者をいう。以下この号において同じ。）が暴力団員による不当な行為の防止等に関する法律第~~22~~22条第~~6~~6号に規定する暴力団員または同号に

　　　　　　規定する暴力団員でなくなった日から5年を経過しないもの（以下
　　　　　　この号において「暴力団員等」という。）であると認められると
　　　　　　き。
　　　　ロ　暴力団（暴力団員による不当な行為の防止等に関する法律第~~22~~条第
　　　　　　~~2~~2 号に規定する暴力団をいう。以下この号において同じ。）また
　　　　　　は暴力団員等が経営に実質的に関与していると認められるとき。
　　　　ハ　役員等が暴力団または暴力団員等と社会的に非難されるべき関係を
　　　　　　有していると認められるとき。
~~（5）発注者が支払いを停止する（資金不足による手形・小切手の不渡りを出~~
~~すなど）などにより、発注者が契約金額の支払い能力を欠くおそれがあると認~~
~~められるとき（以下本項において「本件事由」という。）は、受注者は、書面~~
~~をもって発注者に通知して受注者の役務を中止し、または本契約を解除するこ~~
~~とができる。受注者が受注者の役務を中止した場合において、本件事由が解消~~
~~したときは、本条（2）および（3）を適用する。~~
　（6）本条（1）、（4）または（~~4~~5）の場合、受注者は発注者に損害の賠
償を請求することができる。ただし、（1）eまたは（5）cに掲げる事由に
よる場合は、この限りでない。

第33条　解除に伴う措置
　（1）引渡し前に、第31条または第32条の規定により本契約が解除された
ときは、履行済みの受注者の役務に相当する契約金額を受注者に対する対価と
して、発注者および受注者が協議して清算する。
　（2）引渡し前に、第3~~1~~条または第32条の規定により本契約が解除された
ときは、発注者および受注者が協議して当事者に属する物件について、期間を
定めてその引取・あと片付などの処置を行う。
　（3）本条（2）の処置が遅れているとき、催告しても、正当な理由なくなお
行われ~~れ~~ないときは、相手方は、代わ~~わ~~ってこれを行い、その費用を請求すること
ができる。
　（4）引渡し後に本契約が解除されたときは、解除に伴う措置を発注者および
受注者が民法の規定に従って協議して定める。
　（~~4~~5）第31条または第32条の規定により本契約が解除された場合におい
ても、第31条（1）項後段、同条（~~6~~2）項後段および第32条（6）項の
ほか、第6条（1）項、第7条、第19条（1）項および（2）、本条、第3
4条、第35条ならびに~~および~~第36条の規定は有効に存続するものとする。

第34条　秘密保持
　（1）　発注者および受注者は、本契約の履行を通じて知り得た相手方の情報
（以下「秘密情報」という。）を、本契約の目的以外には使用してはならな
い。~~─~~また、相手方の書面による同意がある場合を除き第三者に漏洩してはな
らない。
　（2）本条（1）の規定にかかわらず、受注者は、受注者の役務を遂行するう
えで必要な限度内において、この秘密情報を受注者の工事下請業者、業務受託

者受任者、または機材製造業者、弁護士、公認会計士または税理士などの第三者に開示することができる。この場合、受注者は、当該開示先第三者に対して、あらかじめ適切な秘密保持の義務を負わせる。
（３）次のいずれかにあたる秘密情報については、本条（１）に定める秘密情報にはあたらない発注者および受注者は、それぞれ本条（１）および（２）の義務から免れる。
　　a. 開示を受けた時点で既に公知であった、または受領した者の責めによらず公知となったもの。
　　b. 相手方から開示を受けたとき、既に自ら保有していたもの。
　　c. 開示を受けた側の当事者が、のちに第三者から適法に入手したもの。
　　d. 相手方から開示を受けた秘密情報によらず、独自に開発して得られたもの。
（４）本条（１）の規定にかかわらず、秘密情報を受領した者は、法令などによる開示義務を負い、または裁判所・税務当局・捜査当局などの司法機関・行政当局から正当な権限に基づき秘密情報の開示の要請を受けた場合には、その秘密情報を当該開示義務または要請の限度内において開示することができる。

第３５条　損害の特則
本契約に関して発注者または受注者が、相手方に損害賠償義務を負う場合（本契約の定めによる場合のほか不法行為等一切の法律上の原因を含む。）の損害については、本契約に特別の定めのある場合（第２４Ｂ条（２）および第３０条に定める予定損害賠償金ならびに第３０条に定める遅延利息）はその定めに従い、それ以外のすべての場合は、損害賠償義務を負う者は、自らの故意または重過失による場合を除き、逸失利益、営業損失、不稼働損失、原料・生産物の損失および間接損害ならびにこれらに類する損害について一切の責任を負わない。

第３６条　合意管轄
　本契約に関する一切の紛争については、発注者の住所地を管轄する地方裁判所をもって、第一審の専属的合意管轄裁判所とする。

（約款の終わり）

そのまま使える
ENAA国内プラント建設契約モデルフォームと逐条解説 第3版　NDC510

2006年3月30日　　初版1刷発行
2011年11月30日　　第2版1刷発行
2016年12月7日　　第2版2刷発行
2020年10月30日　　第3版1刷発行
2024年9月20日　　第3版3刷発行

Ⓒ編著者　　一般財団法人
　　　　　　エンジニアリング協会
　発行者　　井　水　治　博
　発行所　　日刊工業新聞社

〒103-8548　東京都中央区日本橋小網町14-1
電話　書籍編集部　　03-5644-7490
　　　販売・管理部　　03-5644-7403
　　　FAX　　　　　03-5644-7400
振替口座　00190-2-186076
URL　https://pub.nikkan.co.jp/
e-mail　info_shuppan@nikkan.tech

（定価はカバーに表示
されております。）

印　刷　新日本印刷（POD2）
製　本　新日本印刷（POD2）